TEXTES LITTERAIRES

Collection dirigée par Keith Cameron

CIX

LE MARIAGE FORCÉ

Gravure de la dernière scène du *Mariage forcé*,
accompagnant le texte dans l'édition de 1682
(cliché Bibliothèque Nationale de France, Paris).

MOLIERE

LE MARIAGE FORCÉ

Edition critique

par

Julia Prest

UNIVERSITY
of
EXETER
PRESS

REMERCIEMENTS

Je tiens à remercier en premier lieu Keith Cameron, qui a su répondre à mes nombreuses questions avec patience et précision. Je remercie Michael Hawcroft, qui a pris le temps à un moment surchargé de me donner des conseils techniques, et enfin Nick Hammond et Claire Gardette qui ont lu mon introduction avec un œil critique et m'ont donné de précieux conseils.
Nous reproduisons, avec la permission de la Bibliothèque Nationale de France, une gravure accompagnant le texte du *Mariage forcé* dans les *Œuvres complètes* de 1682 (tome 3) et le frontispice du livret de 1664 et celui du texte publié en 1668.

First published in 1999 by
University of Exeter Press
Reed Hall
Streatham Drive
Exeter EX4 4QR
UK

British Library Cataloguing in
Publication Data
A catalogue record for this book is available
from the British Library

ISSN 0309-6998
ISBN 0 85989 643 9

Typeset by Julie Crocker
Printed in the UK
by Short Run Press Ltd, Exeter

INTRODUCTION

1. INTRODUCTION

Jean-Baptiste Poquelin de Molière (1622-73) n'a pas besoin d'introduction, car tous les étudiants de littérature française connaissent *Le Tartuffe* (1664), *Le Misanthrope* (1665) et *Le Bourgeois gentilhomme* (1670) — du moins de réputation, sinon en détail. Ce que la majorité des personnes ignorent, c'est que *Le Bourgeois gentilhomme* représente l'apogée d'un genre théâtral qui apparut en 1661 avec *Les Fâcheux* et qui disparut en 1673 avec la mort de Molière: la comédie-ballet. Par comédie-ballet, nous entendons une série de pièces de théâtre, dont les textes furent écrits par Molière, et qui comprenaient la musique et la danse comme parties plus ou moins intégrales, du moins au moment de la première représentation devant Louis XIV et sa cour.[1] Les comédies-ballets de Molière comprennent les œuvres suivantes: *Les Fâcheux* (1661), *Le Mariage forcé* (1664), *La Princesse d'Élide* (1664), *L'Amour médecin* (1665), *La Pastorale comique* (1667), *Le Sicilien* (1667), *George Dandin* (1668), *Monsieur de Pourceaugnac* (1669), *Les Amants magnifiques* (1670), *Le Bourgeois gentilhomme* (1670), *Psyché* (1671)[2] et *Le Malade imaginaire* (1673). C'est Jean-Baptiste Lully (1632-87) qui écrivit la musique pour toutes les comédies-ballets, excepté la musique des *Fâcheux*, qui fut composée par le célèbre danseur, chorégraphe et musicien Pierre Beauchamp (mort vers 1695), et celle du *Malade imaginaire*, écrite par Marc-Antoine Charpentier (v.1645-1704).

Pendant longtemps, les comédies-ballets sont restées mal comprises et méconnues par la critique littéraire. En 1886, par exemple, Gustave Larroumet écrivit:

> Les comédies-ballets sont un genre faux, où le génie d'un grand écrivain était mal à l'aise [...]. Elles sont le prix auquel Molière dut payer la protection de Louis XIV.[3]

---

[1]Quelques critiques ont parfois nommé 'comédies-ballets' d'autres pièces par d'autres auteurs, mais ici nous avons choisi de limiter le terme aux œuvres de Molière — le pivot du genre.

[2]Nous comptons *Psyché* parmi les comédies-ballets malgré son sujet plutôt tragique. Le texte fut écrit non seulement par Molière mais avec la collaboration de deux autres dramaturges: Philippe Quinault et Pierre Corneille.

[3]'Molière et Louis XIV', *Revue des deux mondes*, 56, 5 (1886), 64-100 (pp. 94-95).

Au cours du vingtième siècle, les critiques littéraires ont commencé à apprécier le genre de la comédie-ballet et à le remettre dans son contexte — ce qui conduisit logiquement à une redécouverte (sinon à une analyse) de la musique et de la danse originales. Ayant rappelé l'importance de ces aspects, et le fait qu'ils soient rarement interprétés, Raymond Picard se demanda en 1958:

> Mais comment tenter une reconstitution solide? Dans bien des cas, les partitions sont perdues, il n'y a pas d'estampes représentant les décors, les danses n'ont pas été notées. Pendant le XIXe siècle et une partie du XXe, on a représenté le *Bourgeois gentilhomme* sans la musique; quand on aura dit qu'à l'inverse Louis XIV, en 1712 et 1713, fit jouer la pièce uniquement par ses musiciens, comme un opéra, on aura tout dit. L'œuvre *totale*, la synthèse, est à jamais abolie, et, en admettant qu'un musicologue, un spécialiste des ballets, un historien du décor puissent mieux faire — ce dont je doute — un professeur de littérature en tout cas est condamné à ne connaître que la partie littéraire.[4]

Contrairement à ce que maintient Picard, les professeurs de littérature peuvent connaître bien plus que la partie littéraire. Une grande partie des partitions musicales, par exemple, sont disponibles en éditions modernes. Mais afin de dépasser une analyse purement littéraire et d'apprécier le genre dans toute sa complexité, il faudrait aborder le sujet des comédies-ballets d'une façon pluri-disciplinaire — ce que nous comptons faire dans cette édition critique du *Mariage forcé*.[5]

La création de la première comédie-ballet est révélatrice de l'essence de ce genre hybride. Le 17 août 1661, le Surintendant des Finances, Nicolas Foucquet, organisa une fête pour Louis XIV dans son château de Vaux-le-Vicomte. Au nombre des réjouissances, Foucquet avait commandé un ballet (organisé par Beauchamp) et une comédie dont Molière devait s'occuper, mais,

> comme il n'y avait qu'un petit nombre choisi de danseurs excellents, on fut contraint de séparer les entrées de ce ballet, et l'avis fut de les jeter dans les entractes de la comédie, afin que ces intervalles donnassent temps aux mêmes baladins de revenir sous d'autres habits; de sorte que, pour ne point rompre aussi le fil de la pièce par ces manières

[4] *Information littéraire*, 10 (1958), 53-56 (p. 56).

[5] De loin la meilleure façon d'apprécier une comédie-ballet est, bien sûr, d'assister à une représentation théâtrale qui comprend le texte, la musique et la danse — phénomène, malheureusement, extrêment rare.

> d'intermèdes, on s'avisa de les coudre au sujet du mieux que l'on put, et de ne faire qu'une seule chose du ballet et de la comédie.[6]

Voilà comment naquit un genre théâtral qui allait devenir l'un des plus populaires et à la cour de Louis XIV et au théâtre public du Palais-Royal pendant la douzaine d'années qui suivirent ce début précaire. Bien que la fête ne fût pas un grand succès personnel pour Foucquet (il fut arrêté pour détournement de fonds dix-neuf jours plus tard), *Les Fâcheux* plut à Louis XIV qui demanda à ce qu'on rejoue la pièce le 25 et le 27 août dans son château de Fontainebleau. Louis XIV suggéra même que Molière ajoute une scène à la comédie où figurerait le chasseur, Dorante, inspiré d'un certain Marquis de Soyecourt qui faisait partie de l'entourage du roi. Grâce à l'approbation de Louis XIV, donc, le succès du nouveau genre était assuré.

Néanmoins, il fallut attendre trois ans avant que la deuxième comédie-ballet n'apparaisse. Pendant le carnaval de 1664, Louis XIV demanda à ce que Molière et Lully écrivent une pièce dans laquelle il pourrait figurer comme danseur. Le résultat fut *Le Mariage forcé*, sujet de cette édition.

Le Mariage forcé nous fournit un exemple particulièrement intéressant du genre, grâce notamment à l'histoire unique de ses représentations pendant la vie de son auteur, car Molière et sa troupe en firent trois versions différentes. La première, en 1664, fut d'abord jouée devant Louis XIV et sa cour avec la musique de Lully, tandis que les deux versions suivantes ne furent représentées qu'au théâtre du Palais-Royal: la deuxième, en 1668, sans la musique ni la danse de l'original, et la troisième, en 1672 (avec *La Comtesse d'Escarbagnas*) dans laquelle la musique de Lully fut remplacée par celle de Marc-Antoine Charpentier avec quelques nouveaux textes chantés. Le livret (ou programme) de 1664, le texte publié de 1668 et les nouveaux textes de 1672 sont réunis dans la présente édition critique pour la première fois, fournissant un nouvel outil aux chercheurs et aux metteurs en scène. La discussion ci-dessous tiendra compte de l'importance de la musique et de la danse originales, ce qui amènera à une nouvelle appréciation de la pièce dans toute sa richesse. Nous allons examiner les trois versions par ordre chronologique.

[6]Molière, L'Avertissement aux *Fâcheux*.

2. *LE MARIAGE FORCÉ* (1664)

Comme nous l'avons dit, *Le Mariage forcé* fut commandé par Louis XIV en 1664 comme petite fête carnavalesque. Molière et sa troupe jouèrent la comédie-ballet, qui comprenait la musique de Lully et la chorégraphie de Beauchamp (maître de danse de Louis XIV et auteur de la musique pour *Les Fâcheux*) pour la première fois le 29 janvier (puis le 31 janvier et le 2 février), au Louvre, dans 'l'apartemens bas de la Reyne mère'.[7] Les comptes rendus révélateurs écrits par des témoins oculaires sont rares pendant cette période, mais le célèbre mathématicien hollandais, Christian Hughens, en fournit un au sujet d'une des trois premières représentations du *Mariage forcé* en 1664. Il raconte:

> Dimanche passé je vis au Louvre le Petit Ballet qui fut donné dans le salon de la Reine Mère, c'est une petite comédie de Molière fort plaisante qui a nom *Le Mariage forcé*, entremeslée avec des entrées de ballet et quelques récits de Musique desquels sont Mademoiselle Hilaire et la Signora Anna. Le Roy dansa luy mesme [...].[8]

Notons le fait que Hughens parle d'un 'Petit Ballet' et simultanément d'une 'petite comédie' — ce qui illustre clairement la nouveauté du genre à l'époque et le manque de vocabulaire précis pour en discuter. Bien qu'il reconnaisse Molière comme auteur de l'ouvrage, Hughens s'intéresse — bien plus qu'aux acteurs principaux — aux participants de la cour (et surtout, bien sûr, à la participation de Louis XIV) qui tenaient des rôles relativement minces au niveau de l'intrigue. Ceci est moins surprenant si l'on considère l'énormité de la machine propagandiste de Louis XIV qui investit toute activité qui avait lieu en présence du roi d'une signification en dehors de sa nature même.[9] Une comédie-ballet de Molière jouée à la cour n'était donc pas seulement un divertissement comique et musical mais aussi, et surtout, un acte politique — que Louis XIV y participe en tant que simple spectateur ou en tant que danseur.[10]

---

[7]La Grange, *Registre*, éd. E. Young et P. Young (Paris: Droz, 1947; réimp. Genève: Slatkine, 1977), p. 64.

[8]*Œuvres Complètes de J.-B. Lully 1632-1687*, éd. Henry Prunières, *Les Comédies-ballets*, vols 1-3 (Paris: Edition de la Revue Musicale, 1931-38), vol. 1, p. xvii. La lettre de Hughens porte la date du 8 février, et il raconte qu'il a assisté à la représentation le dimanche précedent; or, il n'existe aucun rapport d'une représentation le 3 février et nous concluons donc que celle du 2 février dura jusqu'au petit matin et que c'est à cette représentation-ci que Hughens fait référence.

[9]Voir Peter Burke, *The Fabrication of Louis XIV* (New Haven: Yale University Press, 1992) et Jean-Marie Apostolidès, *Le Roi-machine: spectacle et politique au temps de Louis XIV* (Paris: Minuit, 1981).

[10]Dans les comédies-ballets, Louis XIV prit le rôle d'un Egyptien dans *Le Mariage forcé*, d'un Maure dans *Le Sicilien* et ceux de Neptune et d'Apollon dans *Les Amants magnifiques* qui furent écrits pour lui

Ceci n'était pas le cas néanmoins pour les représentations publiques des comédies-ballets qui eurent lieu au théâtre du Palais-Royal où Molière et sa troupe s'étaient installés au début de l'année 1661. Après les trois représentations au Louvre, suivies de deux 'chez Madame au pallais Royal' (le 4 et le 9 février),[11] *Le Mariage forcé* de 1664 fut donc transféré au théâtre du Palais-Royal le 15 février. Loret, dans sa *Muse historique*, anticipa les représentations publiques de celui-ci, dès le 2 février, en les termes suivants:

> Et comme les bourgeois, un jour,
> Verront ce spectacle à leur tour,
> Où l'on a des plaisirs extrêmes,
> Ils en pourront juger d'eux-mêmes.

La comédie-ballet fut donnée seulement douze fois avant d'être retirée de la scène à cause des grands frais nécessités par les danseurs, les chanteurs et les instrumentistes.[12] Dans son Registre, La Grange documente ces frais, en livres, en détail (p. 64):

Frais ordinaires.............. 50#	bas de soye 55#
Ex. ces............................. 3	En vin repetitions 30#
soldats.............................. 12	hautbois retranchez 40#
feu et Chandelle.............. 6	bas de soye 66#
12 Violons........................36	a Mr. debrecour 14#
Ritournel et Clavessin....... 7	Escarpins .. 45#
Danseurs.......................... 45	a Provost .. 16#
Musique............................ 5	habits..330#
Crosnier............................ 3	a M. baraillon....
	cas Imprevus.

Nous notons, entre autres particularités intéressantes, que les hautbois ont été 'retranchés' après quelques représentations en guise d'économie. Malheureusement cette mesure ne suffit pas et Molière fut obligé de cesser les représentations de la comédie-ballet pour jouer

(nous ne pouvons pas être certains qu'il dansa dans *Les Amants magnifiques* — voir Julia Prest, 'Molière's *Comédies-ballets*: Court and Town' (Thèse de l'Université de Cambridge, 1998), pp. 63-64).

[11]La Grange, *Registre*, ed. par E. Young et P. Young (Paris: Droz, 1947; réimp. Genève, Slatkine, 1977), p. 64.

[12]La dernière représentation du *Mariage forcé* en 1664 eut lieu le 13 mai à Versailles lors de la grande fête de Louis XIV (intitulée *Les Plaisirs de l'île enchantée*), où la comédie-ballet figura comme post-scriptum après les divertissements principaux.

quelque chose de moins coûteux.[13] Mais le fait que Molière ait choisi de monter *Le Mariage forcé* devant son public payant avec la musique et la danse de l'original est en lui-même significatif. A la suite du succès des représentations musicales des *Fâcheux* au Palais-Royal,[14] Molière devait savoir que son nouveau genre, destiné à l'origine à la cour de Louis XIV, plairait également (sinon pour les mêmes raisons) au public hétérogène mais plutôt bourgeois du Palais-Royal.[15] Ainsi la cour et la ville avaient quelques divertissements en commun.

Pour faire une comparaison juste des différentes versions du *Mariage forcé*, il est important de décrire en détail la forme et le contenu de chaque version. Pour l'original de 1664 la source principale est le livret (le programme) du *Mariage forcé* qui fut distribué lors des premières représentations au Louvre et publié chez Ballard la même année (celle-ci est reproduite aux pp. 2-9). Le livret nous apprend surtout la structure de la comédie-ballet et les noms des hommes et des femmes de la cour qui y ont participé. Dans cette édition où la partition musicale est omise pour des raisons d'économie, il est d'autant plus important de souligner la place qu'occupaient la musique et la danse en 1664.[16]

Néanmoins, le plus grand obstacle quand on essaie de reconstituer *Le Mariage forcé* (et toutes les comédies-ballets de Molière), reste le manque regrettable de chorégraphie. Puisqu'il n'existe aucune trace de celle-ci (tandis que les deux autres parties principales des trois versions — le texte et la partition musicale — ont été conservées), toute tentative de reconstitution comprendra un élément conjectural important et restera nécessairement imparfait. Ce manque est moins surprenant si l'on considère qu'aucun système de notation chorégraphique ne fut publié en France avant 1700 — date de la célèbre *Chorégraphie, ou l'art de décrire la danse* de Raoul Auger Feuillet, qui aurait plagié le système créé à l'origine par Pierre Beauchamp. La notation de Feuillet n'est pas vraiment satisfaisante comme outil pour interpréter les entrées de ballet dans les comédies-ballets car elle n'a été publiée que trente ou quarante ans plus tard, elle montre rarement les danses avec plus de deux danseurs, elle ne traite que de certaines sortes de danses traditionnelles (comme le menuet) et de la danse sérieuse.

---

[13]Voir *Le Registre* de La Grange, pp. 64-65.

[14]Voir *Le Registre* de La Grange pour plus de détails.

[15]Voir John Lough, 'Molière's audience', *Durham University Journal* (1974), 257-65.

[16]Une nouvelle édition des œuvres complètes de Lully est actuellement en préparation. John Scott Powell nous a déjà fourni une édition fiable de la musique de Charpentier pour les comédies-ballets de Molière: *Music for Molière's comedies*, Recent Researches in the Music of the Baroque Era, 63 (Madison: A-R Editions, 1990).

Un autre système de notation chorégraphique se trouvait dans un manuscrit de Philidor, celui d'un divertissement musical et théâtral intitulé *Le Mariage de la Grosse Cathos*, daté de 1688. Rebecca Harris-Warwick et Carol Marsh ont découvert la clé qui permit de déchiffrer cette notation et qui avait, jusqu'ici, échappé aux chercheurs. Cette chorégraphie, expliquée en détail dans leur livre, *Musical Theatre at the Court of Louis XIV: Le Mariage de la Grosse Cathos* (Cambridge: Cambridge University Press, 1994), a quelques avantages pour nous sur celle de Feuillet: elle nous apprend que l'on dansait non seulement selon la musique instrumentale mais aussi selon la musique de chœur; elle étudie des danses en groupe de quatre, cinq, huit et même neuf personnes, et surtout elle les considère dans une œuvre théâtrale spécifiquement comique. Quelques entrées de ballet du *Mariage de la Grosse Cathos* comprennent des effets apparemment comiques — ce qui est assez révélateur en ce qui concerne la fonction de la danse dans une telle œuvre et qui nous donne une idée de ce qui aurait pu être une entrée dans une comédie-ballet. Mais une idée seulement. Le fait est qu'il nous manque une source convenable pour étudier en profondeur les entrées de ballet du *Mariage forcé*.

Dans cette édition, donc, nous nous concentrons surtout sur la musique et le texte pour ne pas trop nous éloigner des faits. D'après le livret (et la partition de Lully qui éclaircit les ambiguïtés du livret en ce qui concerne le nombre de danses pour chaque entrée), la structure et la distribution des participants de la comédie-ballet étaient les suivantes:

Ouverture	Orchestre.
Acte 1 sc 1	Sganarelle, Geronimo.
sc 2	Sganarelle, Dorimene.
Récit de la Beauté	Orchestre, Mademoiselle Hylaire.[17]
Première entrée: La Jalousie, les Chagrins, les Soupçons	Le Sieur Dolivet. Les Sieurs S. André, et Desbrosses. Les Sieurs de Lorge, et le Chantre.
Deuxième entrée: Quatre Plaisans, ou Goguenars	Le Comte d'Armagnac, Messieurs d'Heureux, Beauchamp, et des-Airs le jeune.[18]
Act 2 sc 1	Sganarelle, Geronimo.

[17] Mlle Hilaire (ou Hylaire) était la chanteuse préférée de Louis XIV et une vedette à la cour.

[18] Notons dans celle-ci et dans d'autres entrées de ballet le mélange de danseurs professionnels et d'amateurs de la cour, dont Louis XIV lui-même était bien sûr le plus célèbre.

sc 2	Sganarelle, Pancrace.
sc 3	Sganarelle, Marphurius.
Troisième entrée: Deux Egyptiens, et quatre Egyptiennes[19]	LE ROI, Le Marquis de Villeroy. Le Marquis de Rassan, Les Sieurs Raynal, Noblet, et La Pierre.
Premier air	
Second air	
sc 4	Sganarelle, Deux Boësmiennes.
Récit d'un Magicien	Monsieur Destival, Sganarelle.
Quatrième entrée: Un Magicien qui fait sortir quatre Demons	Monsieur Beauchamp. Messieurs d'Heureux, de Lorge, des-Airs l'aisné, et le Mercier.
Act 3 sc 1	Sganarelle, Alcantor.
sc 2	Sganarelle, Alcidas.
sc 3	Sganarelle, Dorimene.
Cinquième entrée: Un Maistre à danser representé par M. Dolivet, qui vient enseigner une courante à Sganarelle	M. Dolivet.
Premier air	
Deuxième air	M. Dolivet, Sganarelle.
sc 4	Sganarelle, Geronimo.
Concert espagnol	La Seignora Anna Bergerotti. Bordigoni. Chiarini. Jon. Agustin. Taillavaca. Angelo Michaël.[20]
Sixième entrée: Deux Espagnols, et deux Espagnoles	Messieurs du Pille, et Tartras. Messieurs de la Lanne, et de S. André.
Menuet	
Septième entrée: Un Charivari crotesque	Monsieur Lully, Les Sieurs Balthasard, Vagnac, Bonnard, la Pierre, Descouteaux, et les trois Opterres, freres.[21]
Deuxième air	

[19]Dans les ballets de cour, les hommes avaient l'habitude de s'habiller en femme. Il ne faut pas, donc, s'étonner de voir que les Egyptiennes dansantes (ainsi que les Espagnoles dans la sixième entrée) sont, en fait, du sexe masculin.

[20]Un groupe de chanteurs d'origine espagnole (à part le dernier qui était théorbiste et qui devait donc accompagner les chanteurs).

[21]Un groupe de musiciens de la cour — parmi eux nous notons la présence de Lully, compositeur de la musique du *Mariage forcé* et déjà le compositeur favori de Louis XIV.

Huitième entrée: Quatre Gallands cajeollans la femme de Sganarelle Gavotte Deuxième air: Bourrée	Monsieur le Duc, Monsieur le Duc de S. Aignan, Messieurs Beauchamp, et Raynal.

Les scènes de la comédie sont entrecoupées par des scènes dansées ou chantées plus ou moins liées à l'action principale qui est l'histoire du mariage d'un certain Sganarelle (joué par Molière lui-même). L'accent dans le livret sur les vrais noms des danseurs et des chanteurs est révélateur: tandis que les acteurs sont désignés par le nom du personnage qu'ils jouent ou par une brève description du rôle qu'ils incarnent (ce qui maintient la réalité théâtrale de la pièce), les danseurs et les chanteurs figurent non seulement comme personnages de la comédie-ballet mais surtout comme eux-mêmes (ce qui maintient la réalité de la cour). De la même façon, le livret ne fournit qu'un résumé des scènes parlées, tandis que les paroles des chansons y figurent en entier. Ceci doit être le cas pour des raisons pratiques — les scènes parlées devaient être faciles à comprendre et une transcription aurait pris beaucoup de place — mais aussi pour des raisons esthétiques — la cour (ou du moins Louis XIV qui, pour des raisons évidentes, incarnait le goût de la cour) s'intéressait — plus qu'un public principalement bourgeois — à la danse et à la musique, surtout quand leurs pairs, leurs musiciens ou leur roi y participaient.

Pour pouvoir faire une comparaison entre cette version du *Mariage forcé* et les deux versions suivantes, il faudrait examiner celle-ci de plus près — surtout l'effet et la nature des intermèdes musicaux (car le texte, autant que nous le sachions, resta le même). Après l'ouverture en do majeur jouée par l'orchestre (qui devait effectuer la transition du monde réel au monde des illusions), Sganarelle rencontre son ami, Géronimo, et lui demande conseil sur son futur mariage avec Dorimène.[22] Géronimo, ayant appris que Sganarelle est bien décidé à se marier, le soutient dans son dessein et quitte la scène en se tordant de rire. Sganarelle rencontre sa fiancée, qui se montre coquette et frivole, et il commence, tout doucement, à douter de la sagesse de sa décision. Sganarelle s'endort sur scène et un épisode musical illustre son rêve en chant et puis en danse.

Le Récit de la Beauté, en sol mineur, comprend des ritournelles instrumentales ainsi que deux strophes (suivies d'un refrain), dont la seconde est abondamment ornementée.[23] La virtuosité vocale demandée

[22]Molière avait déjà abordé le thème du cocuage dans sa farce *Sganarelle ou le cocu imaginaire* (1660).

[23]Lully ne favorisait pas la musique ornementée, ce qui a fait croire à plusieurs critiques que la double (la mise-en-musique de la deuxième strophe) avait été écrite par son beau-père, Michel Lambert. Voir

par la partition, interprétée par la chanteuse préférée de Louis XIV, n'apporte rien d'important à l'intrigue; elle fournit plutôt un bel exemple du goût de la cour pour le spectacle — esthétique qui l'emporte sur les considérations purement théâtrales. Néanmoins, les paroles sont révélatrices en ce qui concerne la situation du protagoniste: 'Si l'objet de vos feux ne merite vos peines, / Sous l'empire d'amour ne vous engagez pas'; elles fournissent un avertissement à Sganarelle et anticipent sa ruine. La première entrée de ballet, qui suit le Récit de la Beauté, toujours en sol mineur et interprétée par des danseurs professionnels, s'intitule 'La Jalousie, les Chagrins, et les Soupçons' et elle exprime, de façon allégorique, les sentiments inévitables qu'aura Sganarelle après son mariage. Prunières signale l'usage dans cette entrée de rythmes saccadés 'que Lully emploie avec prédilection dans les scènes infernales'.[24] La deuxième entrée, cette fois-ci en sol majeur (indiquant l'aspect jovial des personnes représentées), montre 'Quatre Plaisans, ou Goguenars' qui se moquent implicitement de Sganarelle.

Ainsi, grâce non pas à la parole mais à la musique et la danse, les spectateurs de la comédie-ballet devaient déjà être certains de l'avenir de l'anti-héros, Sganarelle. De cette façon-ci, tout le long du *Mariage forcé*, la farce française (caractérisée par une obsession de l'argent et des rapports conjugaux — et surtout le cocuage) et les divertissements de cour (avec son accent sur le spectacle et surtout sur la danse) collaborent, de façons différentes mais complémentaires, au développement du thème principal de la pièce (les suites d'un mariage malencontreux) et à la caractérisation du protagoniste. Si les intermèdes ne sont pas parfaitement intégrés dans les scènes parlées, qu'ils y soient liés est incontestable.

Bien que Sganarelle commence à douter de sa décision, il hésite encore à se dérober au mariage. Géronimo, qui le réveille, lui conseille d'aller consulter ses voisins, les deux philosophes Pancrace et Marphurius. Le premier, adepte d'Aristote et descendant du *dottore* de la *commedia dell'arte*, est tellement préoccupé de ses propres pensées que Sganarelle a enfin recours à la violence pour le faire partir; le second, philosophe pyrrhonien, est tellement sceptique que Sganarelle, dans sa frustration, se sent obligé de lui donner des coups de bâton. La scène avec Marphurius est suivie par la troisième entrée de ballet — celle des Egyptiens — en sol

Stephen Fleck, *Music, Dance, and Laughter: Comic Creation in Molière's Comedy-Ballets*, Biblio 17 (Paris: PFSCL, 1995), p. 61.

[24]*Œuvres Complètes de J.-B. Lully 1632-1687*, éd. Henry Prunières, *Les Comédies-ballets*, vols 1-3 (Paris: Edition de la Revue Musicale, 1931-38), vol. 1, p. xix.

mineur.[25] Lully n'essaie pas de caractériser cette musique comme exotique ou étrangère; peut-être que l'on apporta un aspect exotique à cette entrée grâce à la chorégraphie ou aux costumes, mais la musique elle-même paraît plutôt évoquer la noblesse des danseurs (y compris Louis XIV) — ce qui indique que l'importance des participants était au dessus de la 'réalité' de la comédie (du moins à la cour). Le ballet des Egyptiens est suivi d'une scène où Sganarelle demande à deux Egyptiennes de lui dire sa bonne aventure. Les Egyptiennes / bohémiennes répondent d'une façon énigmatique et donc Sganarelle décide de quérir le célèbre magicien du coin.

Le Récit d'un Magicien est un dialogue moitié chanté, moitié parlé entre le magicien et Sganarelle respectivement.[26] Ainsi deux personnages de deux traditions théâtrales différentes se rencontrent sur scène et communiquent — ce qui illustre bien l'essence du genre hybride qu'est la comédie-ballet. Le magicien lui-même incarne un mélange de genres car, après avoir chanté, il se met à danser. Or, un phénomène extrêmement intéressant se produit par lequel les paroles du magicien étaient chantées, nous présumons, dans les coulisses (par la basse, Destival), tandis que Beauchamp dansait et mimait sur scène.[27] Le magicien fait venir quatre démons en expliquant à Sganarelle que 'Des puissances invincibles / Rendent depuis long-temps tous les Demons muëts: / Mais par signes intelligibles / Ils respondront à tes souhaits' — encore une allusion au mélange de genres théâtraux qui se trouve dans l'œuvre (et qui sont particulièrement manifestes ici). Les démons dansent une entrée de ballet (en si bémol majeur) et indiquent à Sganarelle, en mimant des cornes, qu'il sera, en effet, bientôt cocu.

Ayant enfin décidé de rompre avec Dorimène, Sganarelle rend visite au père de sa fiancée. Après un bref dialogue où Sganarelle a du mal à se faire comprendre, son futur beau-père déclare qu'il aura bientôt sa réponse. Dans la scène suivante, le frère de Dorimène vient voir Sganarelle et lui demande très poliment de se battre avec lui pour résoudre le problème du

[25]Le mot 'Egyptien' était synonyme de 'bohémien'. Nous lisons dans le *Dictionnaire universel* d'Antoine Furetière (La Haye: Leers, 1690): 'BOHEMIEN, ENNE [...] dix hommes à cheval, qui se qualifioient Chrêtiens de la basse Egypte chassez par les Sarrasins [...] il fut enjoint à tous ces imposteurs sous le nom de *Bohemiens*, ou *Egyptiens*, de vuider du Royaume à peine des galeres'.

[26]Molière réutilisa le dialogue moitié chanté, moitié parlé dans d'autres comédies-ballets; par exemple dans l'acte II de *La Princesse d'Elide* où Moron discute avec un satyre qui chante et dans *La Pastorale comique* où Lycas parle à Filène qui lui répond en chant. La divergence crée un effet comique en même temps qu'elle sert à caractériser les personnages.

[27]Ainsi, selon Prunières, on 'se conformait à l'antique tradition des ballets de Cour', *Œuvres Complètes de J.-B. Lully 1632-1687*, éd. Henry Prunières, *Les Comédies-ballets*, vols 1-3 (Paris: Edition de la Revue Musicale, 1931-38), vol. 1, p. xxi.

mariage. Sganarelle, lâche, refuse jusqu'à ce qu'on lui donne des coups de bâton — enfin, à contrecœur, et après avoir reçu plusieurs coups, il accepte d'épouser Dorimène. On envoie un maître à danser (qui montre sa prouesse d'abord seul dans une danse dont la musique est, pour Prunières, 'd'une préciosité qui s'accorde assez bien avec le personnage'[28]) pour apprendre à Sganarelle à danser une courante — les deux danses étant en sol mineur. Nous pouvons facilement imaginer l'aspect comique d'une scène qui associe un maître à danser (joué par le danseur professionnel et accompli, Dolivet) et l'incompétent Sganarelle. Puis Géronimo vient dire à son ami que 'les jeunes gens de la Ville ont preparé une mascarade pour honnorer ses Nopces', ce qui introduit plus ou moins naturellement la série de divertissements musicaux qui suit.

Les paroles du Concert Espagnol se trouvent dans le livret mais la musique est perdue. Le sujet du concert se rapproche de temps en temps de celui de la comédie: le paradoxe de l'aveuglement et la conscience — 'Tu me rends aveugle, Bélise; mais je vois bien tes rigueurs' — le mélange de douleur et d'amour et ainsi de suite. Toujours dans la veine espagnole, la sixième entrée de ballet consiste en un menuet pour 'Deux Espagnols, et deux Espagnoles' en do majeur. La septième entrée s'intitule 'Charivari crotesque' — le charivari étant une sérénade traditionnellement réservée aux festivités d'un mariage malencontreux. La musique pour ce charivari diffère de celle qui la précède en ce qui concerne l'instrumentation — plus précisément l'importance accordée aux bois (les hautbois, les flûtes à bec, les bassons) dont quelques instrumentistes apparaissaient directement sur scène.[29] Le charivari comporte un rondeau en sol mineur en 6/4, suivi d'une deuxième danse simple en 3/4, dans la même tonalité. La dernière entrée s'intitule 'Quatre Gallands cajeollans la femme de Sganarelle' et elle consiste en deux danses en sol mineur: une gavotte et une bourrée. L'entrée est particulièrement significative en ce qui concerne l'intrigue car elle concrétise les inquiétudes de Sganarelle et accomplit tout ce qui a été prophétisé en paroles, en action, et surtout en musique et en danse au cours de la comédie-ballet.

---

[28]*Œuvres Complètes de J.-B. Lully 1632-1687*, éd. Henry Prunières, *Les Comédies-ballets*, vols 1-3 (Paris: Edition de la Revue Musicale, 1931-38), vol. 1, p. xix.

[29]Nous arrivons à cette conclusion parce que les noms de huit musiciens, dont Lully, apparaissent dans le livret.

3. *LE MARIAGE FORCÉ* (1668)

Entre les représentations musicales du *Mariage forcé* de 1664 et les représentations entièrement parlées de 1668, Molière monta sur la scène du théâtre du Palais-Royal, une version musicale de la comédie-ballet 'galante', *La Princesse d'Elide* (créée à l'origine pour la grande fête de Louis XIV, *Les Plaisirs de l'île enchantée*, qui eut lieu à Versailles en mai 1664), et une version non-musicale de la comédie-ballet *L'Amour médecin* ainsi que d'autres pièces entièrement parlées comme son célèbre *Misanthrope*.

Le 13 janvier 1668, Molière et sa troupe jouèrent sa nouvelle pièce, *Amphitryon* — pièce à machines dont l'action a lieu à Thèbes et dans laquelle figurent des personnages mythologiques peu communs chez Molière, tels Mercure et Jupiter. *Amphitryon* fut d'abord donné seul (du 13 janvier au 14 février) puis en double programme avec *Le Médecin malgré lui* (le 17 et le 19 février), *L'Amour médecin* (le 21 février) et puis, pendant huit représentations, avec *Le Mariage forcé* (du 24 février au 11 mars). Il est clair que, pendant cette période-là, la pièce principale de Molière était *Amphitryon* et que *Le Mariage forcé*, ainsi que les autres pièces avec lesquelles figurait *Amphitryon* en double programme, n'y était que pour rendre plus copieux les divertissements de la soirée et peut-être pour attirer la foule à une pièce peu représentative du célèbre auteur. De façon similaire, du 25 mai au 1er juillet 1668 la pièce principale de Molière et de sa troupe (toujours au théâtre du Palais-Royal) fut *La Critique d'Andromaque* du dramaturge mineur Subligny. Le 22 et le 24 juin celle-ci fut en double programme avec *Le Mariage forcé* qui, en l'absence de la musique et de la danse, était devenu une pièce de remplissage.

Bien que ces deux séries de représentations fussent courtes, 1668 fut néanmoins une année importante pour la pièce, car le texte du *Mariage forcé* fut imprimé (en un seul acte tandis que la première était en trois actes) chez Ribou au mois de mars. Ceci constitue notre source principale du texte parlé du *Mariage forcé* et il est reproduit aux pp. 11-52.[30] Une comparaison entre la structure du *Mariage forcé* de 1664 (d'après le livret) et celle de 1668 (d'après le texte) est instructive:

[30]En ce qui concerne la cour, *Le Mariage forcé* fut joué une fois à Versailles vers la fin d'avril 1668. Faute d'informations qui indiquent le contraire, nous concluons que pendant cette représentation aussi on omit la musique et la danse de l'original.

Le Mariage forcé (1664)	*Le Mariage forcé* (1668)
Ouverture	
Acte 1 sc 1	sc 1
sc 2	sc 2
Récit de la Beauté	
Première entrée: La Jalousie, les Chagrins, les Soupçons	
Deuxième entrée: Quatre Plaisans, ou Goguenars	
Act 2 sc 1	sc 3
sc 2	sc 4
sc 3	sc 5
Troisième entrée: Deux Egyptiens, et quatre Egyptiennes	
Premier air	
Second air	
sc 4	sc 6
Récit d'un Magicien	
Quatrième entrée: Un Magicien qui fait sortir quatre Demons	
	sc 7 (ajoutée): Sganarelle surprend une conversation entre Dorimene et son amant, Lycaste.
Act 3 sc 1	sc 8
sc 2	sc 9
sc 3	
	sc 10 (ajoutée): Le père de Dorimene, Alcantor, est ravi du mariage et lance les festivités.
Cinquième entrée: Un Maistre à danser representé par M. Dolivet, qui vient enseigner une courante à Sganarelle	
Premier air	
Deuxième air	
sc 4	
Concert espagnol	

Sixième entrée: Deux Espagnols,
et deux Espagnoles
Menuet
Septième entrée: Un Charivari
crotesque
Deuxième air
Huitième entrée: Quatre Gallands
cajeollans la femme de Sganarelle
Gavotte
Deuxième air: Bourrée

La distinction cruciale entre les deux versions se trouve bien sûr dans l'exclusion de la musique et des entrées de ballets, de sorte que ce qui avait été une comédie-ballet devint une simple farce.[31] Dans la version de 1664, nous avons montré comment la musique et la danse furent employées pour prévenir Sganarelle et pour prédire l'avenir de son mariage (voir ci-dessus). La musique et la danse sont aussi employées pour caractériser le protagoniste: avec le magicien, le médiocre Sganarelle parle tandis que celui-là chante, de même que les talents du maître à danser contrastent avec le manque de talent de Sganarelle quand il essaie d'apprendre à danser une courante. De cette façon, la musique et la danse jouent un rôle important en ce qui concerne les thèmes, l'intrigue, l'ambiance et la caractérisation de la pièce et donc, en l'absence de ces aspects, l'œuvre perd une certaine profondeur (apportée, auparavant, par ces multiples perspectives).

Néanmoins, les précisions apportées par la musique et la danse ne sont pas entièrement absentes de la version de 1668: plus exactement, elles sont remplacées par un changement d'éclairage en faveur de ce qui est dit. Si nous regardons la structure ci-dessus, nous remarquons qu'à part la suppression de la musique et de la danse et la redistribution de la pièce en un seul acte, la principale modification à l'original se trouve dans l'adjonction de la scène 7 dans laquelle Sganarelle surprend sa fiancée, Dorimène, en train de rassurer son amant, Lycaste (personnage ajouté justement en 1668), qu'elle ne se marie avec Sganarelle que parce qu'il est riche et parce qu'elle est persuadée qu'il mourra dans six mois au plus. Structurellement, cette scène remplace celle du magicien et des démons,

[31]Le seul endroit où la pièce continua à comprendre un peu de musique et de danse était la scène des Egyptiennes/Bohémiennes (sc 6). Tandis qu'elles n'ont pas de musique écrite ni de chorégraphie précise, le texte même exige que les actrices chantent et dansent d'une façon improvisée — mais ceci est bien loin de la musique et de la danse formelles de l'original.

mais en ce qui concerne la découverte de la vérité on peut dire qu'elle remplace toutes les entrées de ballet (et le Récit de la Beauté) pendant lesquelles on fait allusion à la véritable situation dans laquelle Sganarelle se trouve. Dans la version de 1664, Sganarelle apprend la vérité petit à petit, d'une façon énigmatique, tandis qu'en 1668 elle lui est révélée d'une façon plus brutale et catégorique.

Dans les deux versions, l'intrigue principale se termine de la même façon (on force Sganarelle à se marier avec Dorimène — d'où le titre de la pièce), mais elles devaient laisser une impression assez différente l'une de l'autre. Tandis que la comédie-ballet se termine avec une série d'épisodes musicaux impressionnants, la farce se termine tout simplement avec les paroles ironiques du père de Dorimène: 'Allons nous réjoüir, et celebrer cet heureux Mariage'. Dans la première, on joue l'avenir (le cocuage de Sganarelle) devant les spectateurs, tandis que dans la seconde cela ne reste que sous-entendu.

Dans la version de 1668, le frère de Dorimène s'appelle Alcidas (au lieu de Lycante dans celle de 1664) — alors que les scènes parlées, pour autant que nous le sachions en l'absence du texte exact de 1664, sont identiques. Néanmoins, dans des contextes différents, les mêmes scènes peuvent avoir un effet ou un accent différents. Dans une farce entièrement parlée, l'accent sur la parole et le langage est bien plus important que dans une comédie-ballet et dans *Le Mariage forcé* de 1668, la communication verbale devient primordiale. Dans ce contexte-ci, les scènes où l'on discute de la linguistique — surtout celle de Pancrace et Sganarelle — acquièrent une signification singulière et fournissent une source comique mémorable. L'un des meilleurs exemples se trouve dans la scène entre Sganarelle et Pancrace quand le philosophe dit, 'la Parole a esté donnée à l'Homme, pour expliquer sa Pensée [...] expliquez-moi donc vostre Pensée par la Parole, qui est le plus intelligible de tous les Signes' au moment où Sganarelle essaie d'atteindre précisément ce but — sans aucun succès, bien sûr, car le philosophe ne l'écoute pas.[32]

Ainsi, ce n'est pas une coïncidence si Sganarelle apprend sa destinée par la danse dans la comédie-ballet et par la parole (enfin) dans la farce. Si la communication linguistique échoue dans une comédie-ballet il reste encore la possibilité de communiquer par la musique et par la danse. Cependant, dans une pièce uniquement parlée, ceci pose un plus grand problème car la seule possibilité qui reste consiste en l'action physique (et

---

[32]Pour une analyse de cette scène dans le contexte d'un débat linguistique mené par Port-Royal, voir Nicholas Hammond, 'Quel diable de babillard!', dans *Molière*, éd. Stephen Bamforth, Nottingham French Studies, 33, 1 (Nottingham: University of Nottingham, 1994), 37-42.

souvent violente) — d'où l'importance intensifiée des coups de bâton dans le dénouement de la version de 1668. Mais ce que la version de 1668 nous apprend par-dessus tout est que l'inclusion de la musique et de la danse originales, bien que désirable, n'est pas indispensable; le divertissement n'est pas le même, mais il reste valable, de même que la version de 1672, encore différente des deux précédentes, est, elle aussi, valable.

4. *LE MARIAGE FORCÉ* (1672)

Entre 1668 et 1671 Molière et Lully écrivirent ensemble cinq comédies-ballets: *George Dandin*, *Monsieur de Pourceaugnac*, *Les Amants magnifiques*, *Le Bourgeois gentilhomme* et *Psyché* (sans mentionner la pièce parlée de Molière — *L'Avare* — écrite pendant la même période). Le compositeur de musique, entre-temps, s'intéressait de plus en plus aux possibilités de créer un genre théâtral et musical où les paroles seraient entièrement chantées: l'opéra français. Après le succès inattendu de l'opéra pastoral *Pomone* de Perrin et Cambert en 1671, Lully, toujours opportuniste, chercha à se procurer le privilège du roi (c'est-à-dire le monopole) d'écrire les opéras en France (et en français). L'ayant obtenu, suite à une série de manœuvres assez douteuses, Lully fit passer quelques décrets draconiens pour empêcher toute autre personne (y compris Molière) de monter des pièces dans lesquelles la musique ou la danse figuraient comme partie substantielle — dont les comédies-ballets.[33]

En rien démonté, Molière continua à mettre en scène ses comédies-ballets et il ajouta même de la musique aux pièces prétendues parlées. Pour la reprise du *Mariage forcé* en 1672, il choisit non pas de monter la version non-musicale de 1668 mais plutôt d'y ajouter une nouvelle partition musicale (pour remplacer celle de Lully) écrite par un jeune compositeur relativement inconnu, Marc-Antoine Charpentier. Nous lisons dans le Registre de La Grange:

> Na Encores que le mariage forcé qui a esté joué avec la Comtesse d'Escarbagnas a esté accompagné d'ornemens dont Monsr Charpentier a faict la Musique et Monsr de Beauchamps les ballets. M. Baraillon les habits et Mr de Villiers avoit employ dans la musique des Intermedes.[34]

La Grange nous signale la nouveauté non seulement de la partition musicale mais aussi de la chorégraphie (malheureusement perdue, elle

[33]Voir Manuel Couvreur, *Jean-Baptiste Lully: Musique et dramaturgie au service du Prince* (Paris: Vokar, 1992), pp. 268-71.
[34]La Grange, *Registre*, p. 137.

aussi) et des costumes.[35] Nous ne savons pas exactement quel fut le rôle de M. de Villiers dans les nouveaux intermèdes, mais lors des représentations, il chanta la voix de haute contre.[36] En étudiant la nouvelle partition et les nouvelles paroles,[37] La Grange nous apprend qu'il est indispensable d'examiner en même temps l'intégration du nouveau *Mariage forcé* dans une autre pièce de Molière, *La Comtesse d'Escarbagnas* avec laquelle la nouvelle version fut jouée systématiquement (quatorze fois entre le 8 juillet et le 7 août).

La Comtesse d'Escarbagnas avait été créée à Saint-Germain-en-Laye devant la cour en décembre 1671 et formait une partie intégrale, et même principale, d'un grand divertissement royal intitulé *Le Ballet des Ballets*. *La Comtesse d'Escarbagnas* y servait de cadre dramatique à une série d'extraits des comédies-ballets de Molière-Lully (choisis par Louis XIV) et à une nouvelle pastorale de Molière (inédite et perdue). Dans *La Comtesse d'Escarbagnas*, un certain vicomte organise une soirée chez la comtesse éponyme où l'on jouerait 'ma musique et ma comédie, avec mes entrées de ballet' (sc 5). La comtesse croit que le divertissement a pour but de l'honorer tandis qu'en réalité il est destiné à l'amante du vicomte, Julie. Ainsi les personnages de *La Comtesse d'Escarbagnas* sont les spectateurs de ce divertissement; ils regardent le spectacle et l'interrompent deux fois. La pièce dans la pièce se présente comme partie intégrante de l'action de *La Comtesse d'Escarbagnas* grâce à des phrases opportunes telles 'Madame, je viens vous avertir que la comédie sera bientôt prête et que, dans un quart d'heure, nous pouvons passer dans la salle' (sc 4) ou bien 'les comédiens envoient dire qu'ils sont tout prêts' (sc 7). Même les véritables circonstances de la création à la cour de ce divertissement hybride sont expliquées dans le texte par le vicomte qui dit à la comtesse: 'il est nécessaire de dire que cette comédie n'a été faite que pour lier ensemble les différents morceaux de musique et de danse dont on a voulu composer ce divertissement' (sc 7) — source d'ironie et justification ouverte et adroite de la part de Molière qui devait être conscient du manque d'uniformité du spectacle.

Suite à sa première à la cour, *La Comtesse d'Escarbagnas* devait servir de cadre dramatique à d'autres pièces, dont *Le Mariage forcé*. Les

---

[35]De nouvelles danses exigeaient de nouveaux costumes.

[36]Forestier, Le Roy et la jeune Mlle Turpin chantèrent les voix de ténor, basse et soprano respectivement — voir *Le Registre d'Hubert, 1672-1673*, éd. Sylvie Chevalley, *Revue d'Histoire du Théâtre*, 25, 1 (1973), 1-132 et 25, 2 (1973), 147-95 (pp. 33 et 102).

[37]Nous ne pouvons pas être certain que Molière soit l'auteur de ces nouveaux textes, mais, faute de preuves qui indiqueraient le contraire, nous ne trouvons pas de raison pour laquelle il aurait demandé à quelqu'un d'autre de les écrire.

deux pièces furent données non en double programme mais sous forme d'un seul divertissement, mais nous ne savons pas exactement comment elles furent fusionnées et donc toute reconstitution comprendra nécessairement un élément conjectural surtout en ce qui concerne la nouvelle partition de Charpentier qui, pour des raisons diverses, est assez problématique. L'incorporation du texte du *Mariage forcé* dans *La Comtesse d'Escarbagnas* est plus simple, car le texte même de *La Comtesse* révèle les moments précis où les personnages de la pièce assistent au divertissement organisé par le vicomte. Ce dont nous ne pouvons pas être certain, c'est du nombre de scènes jouées à chaque coupure. Puisque *Le Mariage forcé* se jouait en trois parties, il est fort probable que chaque partie correspondait à un acte de la version en trois actes de 1664, et nous pouvons donc conclure que *Le Mariage forcé* devait s'incorporer dans *La Comtesse d'Escarbagnas* de la façon suivante:

La Comtesse d'Escarbagnas, sc 1-7
Le Mariage forcé, sc 1-2 (ou l'acte I)
La Comtesse d'Escarbagnas, sc 8
Le Mariage forcé, sc 3-6 (ou l'acte II)
La Comtesse d'Escarbagnas, sc 9
Le Mariage forcé, sc 7-10 (ou l'acte III).

Dans son édition musicale, *Marc-Antoine Charpentier, Music for Molière's comedies* (Madison: A-R Editions, 1990), John Powell nous offre trois dispositions différentes de la musique de Charpentier dans cette nouvelle version du *Mariage forcé*: la première suit l'ordre du manuscrit de Charpentier (l'ordre qui, selon Powell et selon nous, ne peut être celui du divertissement — à cause de son manque de logique et de sens); la seconde, bizarrement, présume que la musique n'était destinée qu'à *La Comtesse d'Escarbagnas*, et la troisième, de loin la plus convaincante parce qu'elle est basée sur des considérations musicales et dramatiques (p. xii), présume que *Le Mariage forcé* fut jouée comme une pièce dans une pièce. Nous avons choisi de suivre la troisième version de John Powell avec une seule modification: au lieu de mettre 'Les Marys' après l'ouverture (où il nous paraît trop isolé), nous l'avons mis après 'Le Songe' — ce qui nous paraît plus logique et donc plus probable: ainsi, toute la musique (vocale et instrumentale) qui a pour sujet la probabilité du cocuage suit le rêve de Sganarelle à la fin du premier acte; celle des bohémiennes suit la scène des bohémiennes / Egyptiennes à la fin du deuxième acte, et la série de morceaux musicaux qui restent constitue un divertissement convenablement dérisoire pour fêter le mariage infortuné de Sganarelle avec Dorimène. L'ordre probable serait donc le suivant:

Ouverture de La Comtesse d'Escarbagnas
La Comtesse d'Escarbagnas, sc 1-7
Le Mariage forcé, sc 1-2
Le Songe
Les Marys
Dialogue: Mon compere, en bonne foi
Menuet
Belle ou laide, il n'importe guiere
Ah, quelle etrange extravagance
Gavotte
Trio grotesque au lieu [de] La, la, la, bonjour: Amants aux cheveux gris
La Comtesse d'Escarbagnas, sc 8
Le Mariage forcé, sc 3-6
Les Boemienes, sarabande: Les rossignols, dans leurs tendres ramages
La Comtesse d'Escarbagnas, sc 9
Le Mariage forcé, sc 7-10
La, la, la, la, bonjour
Les Grotesques
O la belle simphonie

Examinons maintenant l'effet et la composition des nouveaux intermèdes musicaux sur *Le Mariage forcé*. Les deux premières scènes de la pièce sont suivies d'une série d'épisodes musicaux dans lesquels le thème du cocuage est développé, d'abord dans un morceau de musique instrumentale (et donc probablement dansé) en ré mineur, intitulé 'le Songe', puis dans un autre, en fa majeur, intitulé 'les Marys'. Le sens du morceau qui suit ces deux danses (lui aussi en ré mineur) est plus explicitement intelligible, car il s'agit d'un dialogue (chanté) entre deux hommes (une haute contre et un ténor) qui discutent, d'une façon comique, des problèmes du mariage et du sexe féminin en général (pour les paroles exactes de tous les nouveaux intermèdes de 1672, voir pp. 53-57). Le menuet qui suit (en ré mineur) paraît sérieux mais il faudrait connaître la chorégraphie pour en être sûr. La signification de la chanson suivante, pour haute contre (toujours en ré mineur) est très claire:

Belle ou laide, il n'importe guiere,
Toutte femme est à redoubter.
Le cocuage est une affaire
Que l'on ne sauroit esvister;
Et le mieux que l'on puisse faire
C'est de ne s'en point tourmenter.

L'aspect comique de cette chanson ne provient ni du texte ni de la musique, mais plutôt de la disparité entre un texte léger et la musique sérieuse à laquelle le texte est inextricablement lié. Le numéro d'après, toujours en ré mineur et toujours pour haute contre, commence avec les paroles 'Ah, quelle etrange extravagance' et semble triste et grave. Néanmoins, dans cet arrangement d'apparence sérieuse, on chante le mot 'cocu' — tant redouté — ce qui lui apporte un certain élément comique. Après une petite gavotte en la mineur, survient le 'Trio grotesque au lieu [de] La, la, la, bonjour: Amants aux cheveux gris' (dont Sganarelle, bien sûr) en la mineur pour haute contre, ténor et basse. La haute contre et la basse s'accordent à dire que les vieillards ont le droit de tomber amoureux, mais le ténor nous prévient que ceux-ci ne doivent pas chercher une femme qui soit belle et jeune car, comme les trois nous l'expliquent:

Vous les rebuttez.
Vous les desgouttez.
Et bien loing de les faire à votre badinage,
Vous n'avez bien souvent que cornes en partage.

Encore une fois, la signification pour la situation de Sganarelle est claire: s'il se marie avec la jeune et belle Dorimène il sera cocu — ainsi les chansons à la fin du premier acte du *Mariage forcé* fournissent des réponses précises aux questions de Sganarelle mais il n'est pas encore en état de les comprendre et de les accepter comme vérités.

Après la scène 8 de *La Comtesse d'Escarbagnas*, nous retournons au *Mariage forcé*: Géronimo conseille à Sganarelle, troublé par ses rêves inquiétants, d'aller consulter les deux philosophes — Pancrace et Marphurius. La scène des Egyptiennes est suivie d'une section musicale intitulée: 'Les Boemienes, sarabande: Les rossignols, dans leurs tendres ramages' qui comprend deux danses baroques typiques: une sarabande et une gigue, les deux en do majeur. Ce sont les seuls morceaux qui exigent une chanteuse (plutôt qu'un chanteur ou des chanteurs masculins) — une soprano. Tandis que les chanteurs à la fin du premier acte avaient prédit le cocuage de Sganarelle, la soprano, qui prend le rôle d'une bohémienne, fournit une perspective différente. Le texte de la sarabande comprend un sujet pastoral sur la nature et l'amour entre berger et bergère, sujet qui est développé dans la gigue qui suit. Ainsi, les bohémiennes / Egyptiennes de 1672 ont un rôle assez différent de celles de l'original: tandis qu'en 1664 elles se moquaient ouvertement du futur mariage de Sganarelle, en 1672 l'une d'elles lui transmet un point de vue pastoral, et donc romantisé, de l'amour. Ceci peut nous paraître étonnant dans une pièce comique (et non pastorale ou tragique) mais il est probable que cela constitue une parodie de la tradition pastorale — une tradition dont M. Jourdain s'était déjà moqué dans *Le Bourgeois gentilhomme* (1670) où il avait remarqué: 'Pourquoi toujours des bergers? on ne voit que cela partout' (I, 2).

La dernière scène de *La Comtesse d'Escarbagnas* est suivie du dernier acte du *Mariage forcé* dans lequel Sganarelle, ayant surpris sa fiancée avec un amant, se rend enfin compte (mais trop tard pour y échapper) de la vérité. On fête le mariage avec un ensemble de morceaux musicaux en la mineur qui s'intitulent 'La, la, la, la, bonjour', 'Les Grotesques' et 'O la belle simphonie'. Cette fois-ci, l'effet comique provient non pas de la disparité entre un texte comique et une musique sérieuse, mais d'un effort de la part de Charpentier d'écrire une musique qui fût aussi comique que le texte. Les trois chanteurs du trio 'La, la, la, la, bonjour' (une haute contre, un ténor et une basse) se demandent ce qu'ils doivent chanter, puis décident en dépit des conventions de la bonne poésie et de la bonne musique:

> Fagotons à tort et à travers,
> De mechants vers,
> Les uns longs comme vers d'elegie,
> Les autres à jambe racourcie.
> Point de rime et point de raison.
> Tout est bon, quoi qu'on die;
> Tout bruit forme melodie.

Ils rejettent la notion du sens et de la qualité d'un texte, et se concentrent plutôt et précisément sur le 'bruit'. Leur texte devient rapidement une série d'onomatopées, de mots choisis pour leur son (et non pas leur sens) et d'allusions aux personnages de la *commedia dell'arte*:

> Tic toc, chic choc, nic noc, fric froc.
> Peinte, verre, coupe, broc.
> Ab hoc et ab hac, ab hac et ab hoc.
> Fran, fran, fran, pour le seigneur gratian.
> Frin, frin, frin, pour le seigneur arlequin.
> Fron, fron, fron, pour le seigneur pentalon.

Ici, comme les chanteurs prennent plaisir aux sons de mots dépourvus de signification, le langage existe non pas comme moyen de communication mais plutôt, justement, pour sa sonorité seule. Le son et la musique ont, effectivement, remplacé les mots et la parole.

Ce trio est suivi de la danse intitulée 'Les Grotesques', qui doit correspondre au 'Charivari crotesque' de l'original dans le sens où les deux morceaux faisaient partie des festivités du mariage de Sganarelle et de Dorimène et se moquaient du futur cocu. Le dernier morceau de la comédie-ballet consiste en un trio, 'O la belle simphonie'. Il est chanté par les musiciens du trio précédent qui continuent leur éloge du son. Le mot 'simphonie' devient simplement le son de la voyelle 'i' chantée à trois sur un long *melisma* — ainsi les voix ressemblent justement aux instruments de musique exaltés par les chanteurs. Ils décident d'ajouter à la musique instrumentale 'la melodie / Des chiens, des chats, / Et des rossignols d'arcadie'. Notons le fait qu'ils appellent mélodie le bruit des animaux et, qu'en effet, ils emploient ces sons comme s'ils constituaient vraiment une mélodie musicale conventionnelle — il va sans dire que le résultat est comique. Dans le manuscrit de Charpentier, les bruits d'animaux sont notés avec les indications traditionnelles de hauteur et de rythme, ce qui renforce l'idée exprimée que n'importe quel son est musique. Le morceau continue dans le même genre renforçant toujours la redondance de la parole; 'Les Grotesques' est répété et ensuite la dernière section porte sur les paroles suivantes: 'O le joli concert et la belle harmonie' — des paroles qui sont de plus en plus ironiques, étant donné la dissonance harmonique créée par le dialogue entre les soi-disant chanteurs et l'orchestre. Cette dissonance reflète symboliquement les futurs rapports entre Sganarelle et Dorimène et constitue, donc, un finale pertinent et juste à la nouvelle version de la comédie-ballet.

Une des différences principales entre la musique écrite par Lully pour la version de 1664 du *Mariage forcé* et la musique de Charpentier pour celle de 1672 se trouve dans l'aspect comique des morceaux musicaux — apparemment entièrement absent de la partition de Lully, mais manifeste chez Charpentier.[38] L'effet comique dépend évidemment de l'interprétation des morceaux par les musiciens et les chanteurs, mais il est clair que, dans le dernier morceau musical du *Mariage forcé* de 1672, par exemple, Charpentier voulait écrire un morceau musical comique grâce

[38]Je ne veux pas soutenir ici que Lully ait été incapable d'écrire d'une façon comique (il suffit de connaître la scène musicale des deux avocats dans *Monsieur de Pourceaugnac* II, 11, par exemple, pour savoir qu'il en était très bien capable), mais seulement que la musique explicitement comique ne figure pas dans *Le Mariage forcé* de 1664.

à la combinaison de son aspect frénétique avec une solennité burlesque et l'emploi ironique de certaines harmonies — sans oublier les bruits d'animaux traités avec la même cérémonie que la 'vraie' musique. En plus de la musique qui fait preuve de certains aspects comiques, rappelons que la comédie provient aussi de la divergence entre une partition musicale apparemment sérieuse et conventionnelle et son texte ridicule et quelquefois absurde — une technique assez fréquente dans cette partition de Charpentier.

Ceci nous amène à une autre différence prononcée entre les deux versions musicales du *Mariage forcé*: non seulement la musique de Charpentier était-elle plus comique que celle de Lully, mais aussi, les textes que Charpentier devait mettre en musique étaient plus comiques que ceux qui avaient été mis en musique par Lully. En outre, la partition de Charpentier comprend beaucoup plus de musique vocale: la partition de 1664 incorporait seulement trois morceaux vocaux (Le Récit de la Beauté et le Récit du Magicien — les deux par Lully — et le Concert Espagnol — anonyme et perdu) contre sept morceaux vocaux en 1672. *Le Mariage forcé* de 1664 était seulement la deuxième comédie-ballet de Molière (et la première de Lully) et la première à incorporer le chant; écrite pour la cour, elle fut fortement influencée par le ballet de cour et donc par la musique de danse, tandis que la version de 1672 fut écrite pour le public parisien qui s'intéressait apparemment plus au chant — un moyen de communication plus direct et plus intelligible que la danse allégorique.

John Powell nous fait remarquer une autre distinction entre les deux versions musicales: celle des personnages qui figurent dans les intermèdes musicaux.[39] Tandis qu'en 1664 Sganarelle rencontrait des personnages exotiques tels la Beauté personnifiée et un magicien avec quatre démons, en 1672 il rencontre de simples mortels qui expriment des opinions courantes, tels deux hommes mariés qui se plaignent de leur femme et des femmes en général. Un tel changement d'éclairage devait plaire au public de Paris et cela correspond bien plus à l'esprit du texte de Molière qui contient lui-même des personnages bourgeois et souligne leur obsession vis-à-vis des relations humaines. Dans ce sens-là, donc, on peut dire que *Le Mariage forcé* de 1672 bénéficie d'une cohésion et d'une unité bien meilleures que celles dont disposait la version originale de 1664.

Comme nous l'avons déjà remarqué, *Le Mariage forcé* de 1664 était seul au programme, alors qu'en 1672 la comédie-ballet formait le divertissement donné aux personnages de *La Comtesse d'Escarbagnas*.

[39] 'Music and the self-fulfilling prophecy in Molière's *Le mariage forcé*', *Early Music* 21 (mai 1993), 213-30 (p. 224).

Bien qu'il soit possible (et même avantageux) d'examiner *Le Mariage forcé* de 1672 indépendamment, son effet se modifie forcément dans le contexte de *La Comtesse d'Escarbagnas*. Lorsque nous regardons les protagonistes de celle-ci regarder *Le Mariage forcé*, nos réactions sont filtrées par les leurs — ce qui apporte une perspective toute nouvelle à l'intrigue. Même s'ils ne font aucune allusion aux ressemblances et aux contrastes des circonstances respectives, le public en est conscient. Comme Sganarelle se trompe dans son affection pour Dorimène, ainsi la comtesse se trompe en croyant que le vicomte est amoureux d'elle; tandis qu'on prépare le mariage inopportun de Sganarelle et de Dorimène, celui entre deux vrais amants — Julie et le vicomte — sera bientôt en préparation.

Nous avons, donc, cherché à montrer l'importance de tenir compte des trois versions différentes du *Mariage forcé*, car chacune nous fait connaître des aspects distincts de Molière et de son œuvre. Nous espérons que le lecteur saura concevoir les éléments musicaux (et dansés) qui n'apparaissent pas à première vue dans le texte de 1668, mais qui sont indiqués ici dans le livret et dans les paroles ajoutées en 1672, ainsi que dans la discussion ci-dessus. Si cette édition fait découvrir la richesse du genre de la comédie-ballet (encore trop souvent négligé par la critique littéraire), elle aura atteint son objectif.

5. LE TEXTE

Nous reproduisons le texte du livret du *Mariage forcé* de 1664, conservé à la Bibliothèque Nationale de France (Rés. Yf. 2257) ainsi que la première édition du texte de 1668 (Rés. Yf. 4185). Les nouvelles paroles de la version de 1672 sont tirées du manuscrit des *Mélanges autographes* de Marc-Antoine Charpentier qui se trouvent dans la section musicale de la Bibliothèque Nationale (Rés. Vm1 259, tome 16).

En plus de ces trois sources principales, nous nous sommes servi de deux autres pour fournir des indications supplémentaires dans les notes en bas de page: le manuscrit de Philidor l'aîné (bibliothécaire de la musique du Roi, qui entreprit de 'mettre en ordre tout ce que Mr. de Lully a fait pour [ses] Divertissements avant les Opera, y joignant mesme les comedies lorsqu'il y en a eu — de meslées dans les Ballets'[40]) et le troisième tome de l'édition des *Œuvres complètes* de Molière préparée par La Grange en 1682. Le manuscrit Philidor date de 1690 et nous fournit la première source des paroles complètes de Sganarelle dans la scène avec le magicien (tandis que le livret ne nous fournit que les derniers mots de celui-ci —

[40] BN. Rés. F. 512, tome 13, 'Au Roi'.

voir ci-dessous); le second nous fournit la première source d'un ajout à la scène de Sganarelle et Pancrace. Cette édition de La Grange est considérée comme fidèle aux pratiques de Molière, ce qui nous permet de signaler en bas de page les indications scéniques qui s'y trouvent.

SOURCES IMPRIMÉES

Rés. Yf. 2257

LE MARIAGE / FORCÉ / BALLET / DV ROY. / Dansé par sa Majesté, le 29. jour / de Ianuier 1664. / [dessein] / A PARIS, / Par ROBERT BALLARD, seul Imprimeur / du Roy pour la Musique. / [ligne] / M. DC. LXIV. / *Auec Priuilege de sa Majesté.*

Collation: 4°: A-C2 <$1signature; erreurs de signature: A non signé; 6 feuillets, pp. *1-3* 4-12>

D'autres exemplaires consultés: Rés. Yf. 1036 (qui est identique à Rés. Yf. 2257) et Rés. Yf. 1222 (qui comprend quelques petites variantes qui seront indiquées en bas de page).

Rés. Yf. 4185

LE / MARIAGE / FORCÉ. / COMEDIE. / *Par I.B.P. DE MOLIERE.* / [dessein] / A PARIS, / Chez IEAN RIBOV, au Palais, / vis à vis la Porte de l'Eglise / de la Sainte Chapelle, / à l'Image S. Louis. / [ligne] / M. DC. LXVIII. / *AVEC PRIVILEGE DV ROY.*

Collation: 12°: π2, A-G6, H4 <$3 signatures; chiffres romains; erreurs de signature: H3 non signé; 48 feuillets, pp. [2] 1-91>

D'autres exemplaires consultés: Rés. Yf. 4183 (qui est identique à Rés. Yf. 4185).

Rés. Yf. 3157

LES / OEUVRES / DE / MONSIEUR / DE MOLIERE. / *TOME III.* / Reveuës, corrigées & augmentées. / [dessein] / A PARIS, / Chez DENYS THIERRY, ruë saint Jacques à / l'enseigne de la Ville de Paris. / ET / CLAUDE BARBIN, au Palais, sur le second / Perron de la sainte Chappelle. / ET / Chez PIERRE TRABOUILLET, au Palais, dans la / Gallerie des Prisonniers, à l'image S. Hubert; & à la / Fortune, proche le Greffe des Eaux & Forests / [ligne] / M. DC. LXXXII. / *AVEC PRIVILEGE DV ROY.*

Collation: 12°: A-N12 [les signatures passent directement de I à K; la lettre J est donc omise] <$6 signatures; chiffres romains; erreurs de signature: A1 non signé, G6 signé C6, H1 signé G1, H3 signé G3, H5 signé G5; 156

feuillets, pp. *1-4* 5-44 *45-50* 51-93 *94-96* 97-115 *116* 117-205 *206-208* 209-251 352 (=252) 153 (=253) 254-258 159 (=259) 260-274 *275-276* 277-288 221 (=289) 222 (=290) 223 (=291) 224 (=292) 293-308 *309-312*>
Plus quatre gravures non-comprises dans la pagination (qui se trouvent entre les pages 2-3, 50-51, 116-117 et 208-209).
Le Mariage forcé occupe les pages 3 à 44.
Page de titre du *Mariage forcé*:
LE / MARIAGE FORCE'. / COMEDIE. / *Par I.B.P. DE MOLIERE.* / Representée pour la premiere fois / au Louvre par ordre de sa Ma- / jesté le 29. du mois de Janvier / 1664. & donnée depuis au Public / sur le Theatre du Palais Royal, / le 15. du mois de Novembre de la mesme année 1664. / *Par la Troupe de MONSIEUR / Frere Unique du Roy.*

MANUSCRITS
Rés. Vm 1 259, tome 16 (disponible uniquement en microfilm: R. 1318, Bob 7105)
Fait partie des *Mélanges autographes* de Marc-Antoine Charpentier.

Rés. F. 512, tome 13
LE / MARIAGE FORCÉ / Comedie et Ballet / DV ROY / Dansé par sa Majesté le 29.e / Jour de Janvier / 1664 / Recueillie par Philidor Laisné en / 1690

TEXTE DE LA PRESENTE EDITION
Cette édition est basée sur les sources décrites ci-dessus. L'usage archaïque du 'i' et 'y', du 'i' et 'j' et du 'u' et 'v' a été modernisé, et l'esperluette, comme les autres abréviations, est écrite en lettres. Les lettres majuscules, l'orthographe et la ponctuation originales ont été conservées, ainsi que l'usage archaïque d'accents et de locutions en deux mots.

BIBLIOGRAPHIE

ABRAHAM, Claude, *On the structure of Molière's comédies-ballets*, Biblio 17, 19 (Paris: PFSCL, 1984).

ANTHONY, James R., *French Baroque Music from Beaujoyeulx to Rameau* (New York: Norton, 1978).

APOSTOLIDES, Jean-Marie, *Le Roi-machine: spectacle et politique au temps de Louis XIV* (Paris: Minuit, 1981).

BEAUSSANT, Philippe, *Lully, ou le musicien du soleil* (Paris: Gallimard, 1992).

BURKE, Peter, *The Fabrication of Louis XIV* (New Haven: Yale University Press, 1992).

CESSAC, Catherine, *Marc-Antoine Charpentier* (Paris: Fayard, 1988).

CHEVALLEY, Sylvie, *Molière en son temps, 1622-1673* (Geneva: Minkoff, 1973).

CHUMBLEY, Joyce, 'The World of Molière's Comedy-ballets' (Thèse de l'Université d'Hawaii, 1972).

CICCONE, Anthony, 'Structures of communication and the comic in Molière's *Le Mariage forcé*', *Neophilologus*, 66 (1982), 43-48.

COUVREUR, Manuel, *Jean-Baptiste Lully: Musique et dramaturgie au service du Prince* (Paris: Vokar, 1992).

ERSKINE, Andrew, 'Good and bad scepticism in *Amphitryon* and *Le Mariage forcé*', *Seventeenth-century French Studies*, 20 (1998), 17-27.

FLECK, Stephen, *Music, Dance, and Laughter: Comic Creation in Molière's Comedy-Ballets*, Biblio 17 (Paris: PFSCL, 1995).

FURETIERE, Antoine, *Dictionnaire universel: contenant généralement tous les mots françois, tant vieux que modernes, et les termes de toutes les sciences*, 3 vols (La Haye: Leers, 1690).

GARWOOD, Ronald Edward, 'Molière's "comédies-ballets"' (Thèse de l'Université de Stanford, 1985).

GLASGOW, E. Thomas, 'Molière, Lully and the Comedy-Ballet' (Thèse de l'Université de New York à Buffalo. 1985).

HAMMOND, Nicholas, 'Quel diable de babillard!', dans *Molière*, éd. Stephen Bamforth, Nottingham French Studies, 33, 1 (Nottingham: University of Nottingham, 1994), 37-42.

HARRIS-WARWICK, Rebecca, et Carol G. Marsh, *Musical Theatre at the Court of Louis XIV: Le Mariage de la Grosse Cathos* (Cambridge: Cambridge University Prcss, 1994).

HAYMANN, Emmanuel, *Lulli* (Paris: Flammarion, 1991).

HUBERT, *Le Registre d'Hubert, 1672-1673*, éd. Sylvie Chevalley, *Revue d'Histoire du Théâtre*, 25, 1 (1973), 1-132 et *Revue d'Histoire du Théâtre*, 25, 2 (1973), 147-95.

JURGENS, Madeleine, et Elizabeth Maxfield-Miller, *Cent ans de recherches sur Molière, sur sa famille et sur les comédiens de sa troupe* (Paris: Imprimerie Nationale, 1963).

LA GRANGE, Charles Varlet, *Le Registre de La Grange. 1659-1685*, éd. Bert E. Young et Grace P. Young (Paris: Droz, 1947; réimpr. Genève: Slatkine, 1977).

LARROUMET, Gustave, 'Molière et Louis XIV', *Revue des deux mondes*, 56, 5 (1886), 64-100.

LA THORILLIERE, *Premier Registre de La Thorillière (1663-1664)*, éd. Georges Monval (Paris: Librairie des Bibliophiles, 1890).

LOUGH, John, 'Molière's audience', *Durham University Journal* (1974), 257-65.

McBRIDE, Robert, *The Triumph of Ballet in Molière's Theatre* (Lampeter: Edwin Mellen Press, 1992).

MAZOUER, Charles, '*Le Mariage forcé* de Molière, Lully et Beauchamp: esthétique de la comédie-ballet' dans *Dramaturgies, langages dramatiques: Mélanges pour Jacques Scherer* (Paris: Nizet, 1986), 91-98.

MAZOUER, Charles, 'Molière et Marc-Antoine Charpentier', *Cahier de l'Association Internationale des Etudes Françaises*, 41 (mai 1989), 145-60.

MAZOUER, Charles, *Molière et ses comédies-ballets*, Bibliothèque de l'Age classique (Paris: Klincksieck, 1993).

MOLIERE, Jean-Baptiste, *Œuvres de Monsieur de Molière*, 8 vols, éd. La Grange et Vivot (Paris: Thierry, 1682).

MOLIERE, Jean-Baptiste, *Œuvres*, 11 vols, éd. Eugène Despois et Paul Mesnard, Grands Ecrivains de France (Paris: Hachette, 1873-93).

MOLIERE, Jean-Baptiste, *Œuvres complètes* (Paris: Seuil, 1962).

MOLIERE, Jean-Baptiste, *Œuvres complètes*, 2 vols, éd. Georges Couton, Pléiade (Paris: Gallimard, 1971).

PELLISSON, Maurice, *Les Comédies-ballets de Molière* (Paris: Hachette, 1914).

PICARD, Raymond, 'État présent des études moliéresques', *Information littéraire*, 10 (1958), 53-56.

POWELL, John, 'Music and the self-fulfilling prophecy in Molière's *Le mariage forcé*', *Early Music*, 21 (mai 1993), 213-30.

POWELL, John, 'Pierre Beauchamps, Choreographer to Molière's Troupe du Roy', *Music and Letters*, 76, 2 (1995), 168-86.

PREST, Julia Tamsin, 'Molière's *Comédies-ballets*: Court and Town' (Thèse de l'Université de Cambridge, 1998).
SCHWARTZ, William, 'Light on Molière in 1664 from *Le Second Registre de La Thorillière*', *Publication of the Modern Languages Association of America*, 53, 3 (1938), 1054-75.
SCHWARTZ, William, 'Molière's Theater in 1672-73: Light from *Le Registre d'Hubert*', *Publication of the Modern Languages Association of America*, 56, 2 (1941), 395-427.
TIERSOT, Julien, *La Musique dans la comédie de Molière* (Paris: Renaissance du Livre, 1921).

PARTITIONS MUSICALES:

BEAUCHAMP, Pierre, *Le Ballet des Fâcheux: Beauchamp's Music for Molière's Comedy*, éd. George Hoole (Bloomington: Indiana University Press, 1991).
CHARPENTIER, Marc-Antoine, *Prologues et intermèdes du Malade imaginaire de Molière*, éd. H. Wiley Hitchcock (Genève: Miinkoff, 1973).
CHARPENTIER, Marc-Antoine, *Music for Molière's comedies*, éd. John Powell, Recent Researches in the Music of the Baroque Era, 63 (Madison: A-R Editions, 1990).
LULLY, Jean-Baptiste, *Œuvres Complètes de J.-B. Lully 1632-1687*, éd. Henry Prunières, *Les Comédies-ballets*, vols 1-3 (Paris: Edition de la Revue Musicale, 1931-38).

DISCOGRAPHIE:

CHARPENTIER, Marc-Antoine, *Le Malade imaginaire*, Les Musiciens du Louvre, Marc Minkowski (Erato Disques, 1990).
CHARPENTIER, Marc-Antoine, *Le Malade imaginaire*, Les Arts Florissants, William Christie (Harmonia Mundi, 1990).
CHARPENTIER, Marc-Antoine, *Le Mariage forcé* and *Les Fous divertissants*, New Chamber Opera Ensemble, Gary Cooper (ASV, 1997).
LULLY, Jean-Baptiste, *Le Bourgeois gentilhomme*, La Petite Bande, Gustav Leonhardt (Harmonia Mundi, 1973).
LULLY, Jean-Baptiste, *Comédies-ballets*, Les Musiciens du Louvre, Marc Minkowski (Erato Disques, 1988).

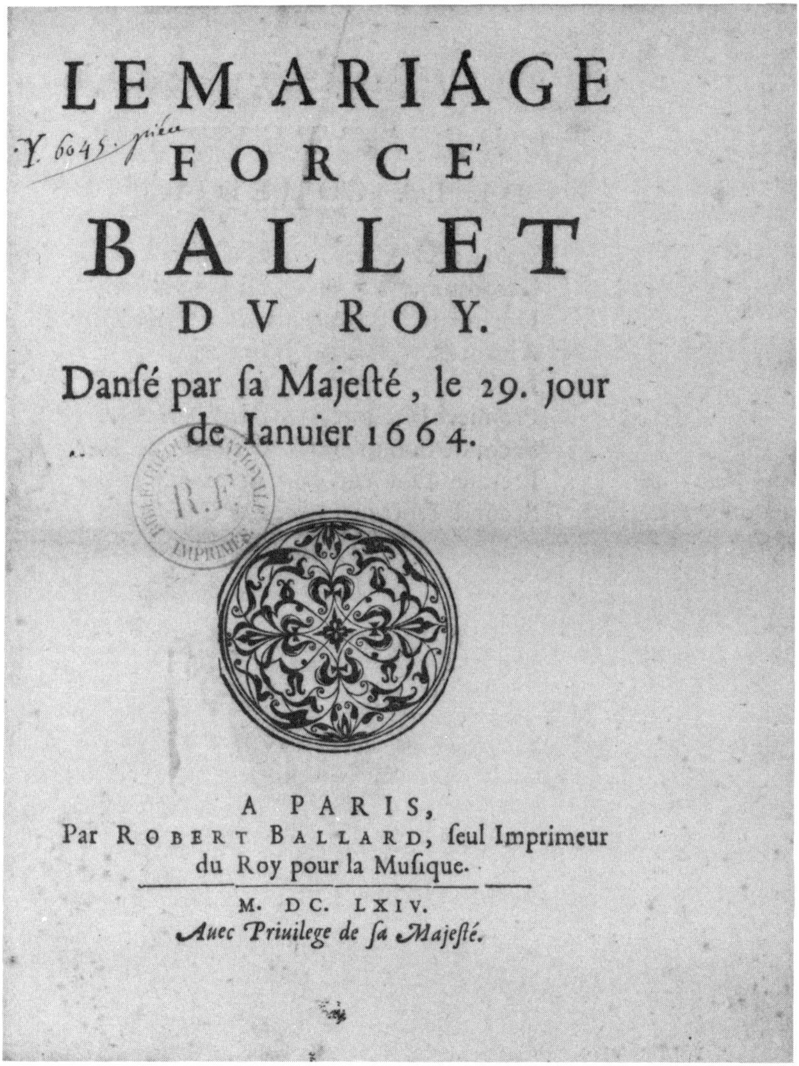

LE MARIAGE
FORCÉ
BALLET
DV ROY.
Dansé par sa Majesté, le 29. jour
de Ianuier 1664.

A PARIS,
Par ROBERT BALLARD, seul Imprimeur
du Roy pour la Musique.

M. DC. LXIV.
Auec Priuilege de sa Majesté.

Page de titre du livret de 1664
(cliché Bibliothèque Nationale de France, Paris)

LES ACTEURS.
DE LA COMEDIE.

Sganarelle.	*Molier.*
Geronimo.	*La Thorilliere.*
Dorimene.	*Madlle. du Parc.*
Alcantor.	*Bejart.*
Lycante.[1]	*La Grange.*
Premiere[2] Boësmienne.	*Madlle. Bejart.*
Seconde Boësmienne.	*Madlle. de Brie.*
Premier Docteur.[3]	*Brecourt.*
Second Docteur.	*Du Croisy.*[4]

[1]Rappelons le fait que, dans le livret, le frère de Dorimène s'appelle 'Lycante', tandis que dans le texte il s'appelle 'Alcidas' et l'amant de Dorimène (personnage absent du livret) s'appelle 'Lycaste'.
[2]Dans l'original (Rés. Yf. 2257), 'Premier' — une faute d'impression évidente.
[3]Le livret, contrairement au texte, ne donne pas les noms des deux pédants.
[4]Dans Rés. Yf. 1222, 'Du Croisy,' — une faute d'impression évidente.

LE MARIAGE FORCE.

BALLET.

ARGUMENT.

COMME il n'y a rien au monde qui soit si commun que le Mariage, et que c'est une chose sur laquelle les hommes ordinairement se tournent le plus en ridicules; il n'est pas merveilleux que ce soit toûjours la matiere de la pluspart des Comedies, aussi bien que des Ballets, qui sont des Comedies muëttes; et c'est par là qu'on a pris l'Idée[5] de cette Comedie-Mascarade.[6]

ACTE PREMIER.

SCENE PREMIERE.

SGanarelle demande conseil au Seigneur Geronimo s'il se doit marier, ou non: Cét ami lui dit franchement que le Mariage n'est gueres le fait d'un homme de cinquante ans: Mais Sganarelle lui respond qu'il est resolu au Mariage, et l'autre, voyant cette extravagance, de demander conseil apres une resolution prise, lui conseille hautement de se marier, et le quitte en riant.

SCENE DEUXIESME.

LA Maistresse de Sganarelle arrive, qui lui dit qu'elle est ravie de se marier avec lui, pour pouvoir[7] sortir promptement de la sujession[8] de son Pere, et avoir desormais toutes ses coudées franches; et la dessus elle lui conte la maniere dont elle pretend vivre avec lui, qui sera proprement la naïve peinture d'une Coquette achevée. Sganarelle reste seul assez estonné; Il se plaint, apres ce discours, d'une pesanteur de teste

---

[5]Dans Rés. Yf. 1222, 'l'idee'.

[6]On a sûrement nommé *Le Mariage forcé* 'comédie-mascarade' à cause de la mascarade pour fêter le mariage de Sganarelle et Dorimène qui se trouve à la fin de la pièce.

[7]Dans Rés. Yf. 2257, 'pouvoit' — une faute d'impression évidente.

[8]Dans Rés. Yf. 1222, 'sujettion'.

espouvantable, et se mettant en un coin du Theatre pour dormir, il voit en songe une femme representée par Mademoiselle Hylaire, qui chante ce Recit:

RECIT DE LA BEAUTE'.

SI l'Amour vous soûmet à ses loix inhumaines,
Choississez, en aimant, un objet plein d'appas;
Portez, au moins, de belles chaisnes,
Et puis qu'il faut mourir, mourez[9] *d'un beau trespas.*

Si l'objet de vos feux ne merite vos peines,
Sous l'empire d'Amour ne vous engagez pas:
Portez, au moins, et cœtera.

PREMIERE ENTRE'E

La Jalousie, les Chagrins, et les Soupçons.

La Jalousie, Le Sieur Dolivet.
Les chagrins, Les Sieurs S. André, et Desbrosses.
Les soupçons, Les Sieurs de Lorge, et le Chantre.

II. ENTRE'E.

Quatre Plaisans, ou Goguenars.[10]

Le Comte d'Armagnac, Messieurs d'Heureux, Beauchamp, et des-Airs le jeune.

---

[9]Dans l'original, 'mourir, , mourez' — une faute d'impression évidente.
[10]Dans Rés. Yf. 1222, 'Qoguenars' — une faute d'impression évidente.

ACTE SECOND.

SCENE PREMIERE.

LE Seigneur Geronimo esveille Sganarelle, qui lui veut conter le songe qu'il vient de faire: mais il lui respond qu'il n'entend rien aux songes, et que sur le sujet du Mariage il peut consulter deux sçavants qui sont connus de lui,[11] dont l'un suit la Philosophie d'Aristote, et l'autre est Pyrrhonien.

SCENE DEUXIESME.

IL trouve le premier qui l'estourdit de son caquet, et ne le laisse point parler; ce qui l'oblige à le maltraitter.

SCENE TROISIESME.

EN suite il rencontre l'autre, qui ne lui respond, suivant sa doctrine, qu'en termes qui ne decident rien; il le chasse avec colere, et la dessus arrivent deux Egyptiens, et quatre Egyptiennes.

III. ENTRE'E

Deux Egyptiens, et quatre Egyptiennes

Deux Egyptiens LE ROI, Le Marquis de Villeroy.
Egyptiennes, Le Marquis de Rassan, Les Sieurs Raynal, Noblet, et La Pierre.

IL prend fantaisie à Sganarelle[12] de se faire dire sa bonne avanture, et rencontrant deux Boësmiennes, il leur demande s'il sera heureux en son Mariage: pour responce, elles[13] se mettent à danser en se mocquant de lui, ce qui l'oblige d'aller trouver un Magicien.

---

[11] Dans l'original, 'contents de lui' — une faute d'impression probable.
[12] Dans l'original, 'Sgaranelle' — une faute d'impression évidente.
[13] Dans l'original, 'ils' — une faute d'impression probable.

RECIT D'UN MAGICIEN.
Chanté par Monsieur Destival

HOla,
Qui va la[14]
Dis-moi viste quel souci
Te peut amener ici.
Mariage.[15]
Ce sont de grands mysteres
Que ces sortes d'affaires.
Destinée.[16]
Je te vais pour cela par mes charmes profonds
Faire venir quatre Demons.
Ces gens la.[17]
Non non n'ayez aucune peur
Je leur osterai la laideur.
N'effrayez pas.[18]
Des puissances invincibles
Rendent depuis long-temps tous les Demons muëts:
Mais par signes intelligibles
Ils respondront à tes souhaits.

IV. ENTRE'E.
Un Magicien qui fait sortir quatre Demons.

Le Magicien, Monsieur Beauchamp[19]

---

[14]Sganarelle: 'Ami. Ami' (Philidor).
[15]Sganarelle: 'Bon celui là vient d'abord au fait, voila mon homme.... Je voudrois bien vous consulter sur une certaine affaire qui m'embarrasse fort l'esprit. C'est que je dois épouser ce [soir] une belle et jeune personne que j'aime de tout mon cœur, mais j'aprehende qu'elle ne me fasse cocu, ce qui me feroit enrager, et je vous prie de me dire si je ne pourrois pas éviter un si funeste accident en contractant ce Mariage' (Philidor).
[16]Sganarelle: 'Rien n'est impossible à votre art, ne me refusez pas la grace que je vous demande. Il ne tient qu'à vous de m'apprendre quelle doit estre ma Destinée' (Philidor).
[17]Sganarelle: 'Gardez vous en bien je vous prie. Je suis le plus timide, et le plus peureux de tous les humains. Les Demons ont le minois trop hideux, et leur seul aspect me feroit mourir de frayer. Non, non ne les faites pas venir, je vous en conjure, mes yeux ne sont pas accoutumez à voir ces gens là' (Philidor).
[18]Sganarelle: 'Mais sur tout qu'ils ne s'aprochent point de moi — que d'une distance raisonnable. Ecoutez chacun a ses raisons. Ah! Je tremble deja; au nom de Dieu, ne m'effrayez pas' (Philidor).
[19]Ici nous assistons à un phénomène extrêmement intéressant: le Récit du Magicien est chanté par Destival tandis que le magicien dansant qui fait sortir les quatre démons est joué par Beauchamp — ainsi le rôle d'un seul magicien qui chante et qui danse est partagé entre un chanteur professionnel et un

Quatre Demons, Messieurs d'Heureux, de Lorge, des-Airs l'aisné, et le Mercier.

SGanarelle les interroge, ils respondent par signes, et sortent en lui faisant les cornes.

ACTE TROISIESME.

SCENE PREMIERE.

SGanarelle effrayé de ce presage, veut s'aller dégager au Pere, qui ayant oüi la proposition, lui respond qu'il n'a rien à lui dire, et qu'il lui va toute à l'heure envoyer sa responce.

SCENE DEUXIESME.

CEtte responce est un brave doucereux, son fils, qui vient avec civilité à Sganarelle, et lui fait un petit compliment pour se couper la gorge ensemble. Sganarelle l'ayant refusé, il lui donne quelques coups de baston, le plus civilement du monde, et ces coups de baston le portent à demeurer d'accord d'espouser la fille.

SCENE TROISIESME.

SGanarelle touche les mains à la fille.[20]

V. ENTRE'E.

UN Maistre à danser representé par M. Dolivet, qui vient enseigner une courante à Sganarelle.

---

danseur professionnel. Nous supposons que Destival devait chanter dans les coulisses (pendant que Beauchamp mimait le chant) et puis dansait.

[20]Cette scène, en tant que telle, est absente du texte de 1668.

SCENE QUATRIESME.

LE Seigneur Geronimo vient se resjouïr avec son ami, et lui dit que les jeunes gens de la Ville ont preparé une mascarade pour honnorer ses Nopces.

Concert Espagnol, Chanté par
La Seignora Anna Bergerotti.
Bordigoni.
Chiarini.
Jon. Agustin.
Taillavaca.
Angelo Michaël.

Zlego me tienes Belisa
Mas bien tùs rigores veo
Por que estu desden tan claro
Que puenden verle los çiegos.

Aunque mi amores tan grande
Como mi dolor noes menos
Si calla el uno dormido
Se que ya e lotro despierto.

Fabores tuios Belisa
Tu vieralos yo secretos
Mas ya de dolores mios
No puedo azerlo que quiero.[21]

VI. ENTRE'E.
Deux Espagnols, et deux Espagnoles

Messieurs du Pille, et Tartras, *Espagnols.*
Messieurs de la Lanne, et de S. André *Espagnolles.*

---

[21]Tu me rends aveugle, Bélise; mais je vois bien tes rigueurs, car ton dédain est si éclatant que les aveugles mêmes peuvent le voir. Si grand que soit mon amour, comme ma douleur n'est pas moins grande, si l'un se tait assoupi, je sens aussitôt que l'autre se réveille. Tes faveurs, Bélise, je les tiendrais secrètes; mais de mes douleurs enfin je ne puis faire ce que je veux. (Traduction de l'édition des Grands Ecrivains de France, qui se trouve également dans celle de La Pléiade.) Dans la présente édition, l'espagnol n'est point modernisé.

VII. ENTRE'E.
Un Charivari crotesque.

Monsieur Lully, Les Sieurs Balthasard, Vagnac, Bonnard, la Pierre, Descousteaux, et les trois Opterres freres.[22]

VIII. ET DERNIERE ENTRE'E.
Quatre Gallands cajeollans la femme de Sganarelle.

Monsieur le Duc, Monsieur le Duc de S. Aignan, Messieurs Beauchamp, et Raynal.

FIN.

[22]Des joueurs d'instruments de la famille des bois (à part Lully qui devait agir en tant que directeur du groupe). Le fait qu'ils soient nommés indique qu'ils devaient apparaître sur scène en faisant partie intégrante de l'action du charivari.

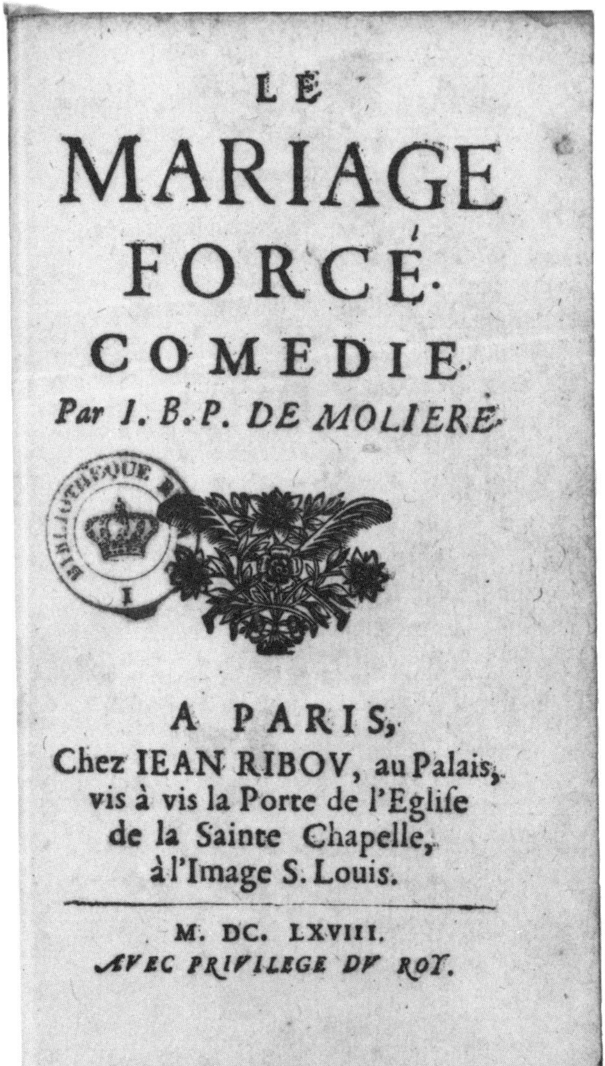

LE

MARIAGE

FORCÉ.

COMEDIE.

Par I. B. P. DE MOLIERE.

A PARIS,

Chez IEAN RIBOV, au Palais,
vis à vis la Porte de l'Eglise
de la Sainte Chapelle,
à l'Image S. Louis.

M. DC. LXVIII.

AVEC PRIVILEGE DV ROY.

Page de titre de la première édition, 1668
(cliché Bibliothèque Nationale de France, Paris)

Extrait du Privilege du Roi.

PAR Grace et Privilege du Roi, donné à Saint Germain en Laye, le 20. jour de Fevrier 1668. Signé, Par le Roi en son Conseil, MARGERET: Il est permis à J.B.P. DE MOLIERE, de faire imprimer par tel Libraire on Imprimeur qu'il voudra choisir, une Piece de Theatre de sa composition, intitulée, LE MARIAGE FORCE', pendant le temps et espace de cinq années entieres et accomplies, à commencer du jour qu'elle sera achevée d'imprimer: Et defenses sont faites à tous autres Libraires et Imprimeurs, d'imprimer, ou faire imprimer, vendre et debiter ladite Piece, sans le consentement de l'Exposant, ou de ceux qui auront droict de lui; à peine aux contrevenans, de trois mille livres d'amende, confiscation des Exemplaires contrefaits, et de tous despens, dommages et interests, ainsi que plus au long il est porté par lesdites Lettres de Privilege.

Et ledit Sieur DE MOLIERE a cedé et transporté son droict de Privilege, à JEAN RIBOU Marchand Libraire à Paris, pour en joüir, suivant l'accord fait entr'eux.

Registré sur le Livre de la Communauté, suivant l'Arrest de la Cour de Parlement.

Achevé d'imprimer pour la premiere fois le 9. Mars 1668.

PERSONNAGES.

SGANARELLE.
GERONIMO.
DORIMENE, jeune Coquette, promise à Sganarelle.
ALCANTOR, Pere de Dorimene.
ALCIDAS, Frere de Dorimene.
LYCASTE, Amant de Dorimene.
DEUX EGYPTIENNES.
PANCRACE, Docteur Aristotelicien.
MARPHURIUS, Docteur Pyrrhonien.

LE MARIAGE FORCE'. COMEDIE.

SCENE I. SGANARELLE, GERONIMO.

SGANARELLE.

Je suis de retour dans un moment. Que l'on ait bien soin du Logis; et que tout aille comme il faut. Si l'on m'apporte de l'argent, que l'on me vienne querir viste chez le Seigneur Geronimo; et si l'on vient m'en demander, qu'on dise que je suis sorti, et que je ne dois revenir de toute la journée.

GERONIMO.

Voila un Ordre fort prudent.

SGANARELLE.

Ah! Seigneur Geronimo, je vous trouve à propos; et j'allois chez vous vous chercher.

GERONIMO.

Et pour quel sujet, s'il vous plaist?

SGANARELLE.

Pour vous communiquer une Affaire, que j'ai en teste; et vous prier de m'en dire vostre avis.

GERONIMO.

Tres-volontiers. Je suis bien aise de cette rencontre; et nous pouvons parler ici en toute liberté.

SGANARELLE.

Mettez donc dessus,[1] s'il vous plaist. Il s'agit d'une chose de consequence, que l'on m'a proposée; et il est bon de ne rien faire, sans le conseil de ses Amis.

---

[1] C'est-à-dire 'couvrez-vous', ou bien, 'remettez votre chapeau'.

GERONIMO.

Je vous suis obligé, de m'avoir choisi pour cela. Vous n'avez qu'à me dire ce que c'est.

SGANARELLE.

Mais auparavent, je vous conjure de ne me point flatter du tout; et de me dire nettment vostre pensée.

GERONIMO.

Je le ferai, puis que vous le voulez.

SGANARELLE.

Je ne vois rien de plus condamnable qu'un Ami, qui ne nous parle pas franchement.

GERONIMO.

Vous avez raison.

SGANARELLE.

Et dans ce Siecle, on trouve peu d'Amis sincéres.

GERONIMO.

Cela est vrai.

SGANARELLE.

Promettez-moi donc, Seigneur Geronimo, de me parler avec toute sorte de franchise.

GERONIMO.

Je vous le promets.

SGANARELLE.

Jurez-en vostre foi.

GERONIMO.

Oüi, foi d'Ami. Dites-moi seulement vostre Affaire.

SGANARELLE.

C'est que je veux sçavoir de vous, si je ferai bien de me marier.

GERONIMO.

Qui, vous?

SGANARELLE.

Oüi, moi-mesme, en propre Personne. Quel est vostre avis là-dessus?

GERONIMO.

Je vous prie auparavant, de me dire une chose.

SGANARELLE.

Et quoi?

GERONIMO.

Quel âge pouvez-vous[2] bien avoir maintenant?

SGANARELLE.

Moi?

GERONIMO.

Oüi.

SGANARELLE.

Ma foi, je ne sçai; mais je me porte bien.

GERONIMO.

Quoi! vous ne sçavez pas, à peu pres, vostre âge?

SGANARELLE.

Non. Est-ce qu'on songe à cela?

GERONIMO.

Hé, dites-moi, un peu, s'il vous plaist: Combien aviez-vous d'années, lors que nous fismes connoissance?

SGANARELLE.

Ma foi, je n'avois que vingt ans alors.

---

[2]Dans l'original, 'Quel âge pouvez-vous vous bien avoir maintenant?' — une faute d'impression évidente.

GERONIMO.
Combien fûmes nous ensemble à Rome?

SGANARELLE.
Huit ans.

GERONIMO.
Quel temps avez-vous demeuré en Angleterre?

SGANARELLE.
Sept ans.

GERONIMO.
Et en Hollande, où vous fûtes en suite?

SGANARELLE.
Cinq ans, et demi.

GERONIMO.
Combien y a-t-il, que vous estes revenu ici?

SGANARELLE.
Je revins en cinquante-six.

GERONIMO.
De cinquante-six, à soixante-huit,[3] il y a douze ans, ce me semble. Cinq ans en Hollande, font dix-sept. Sept ans en Angleterre, font vingt-quatre. Huit dans nostre sejour à Rome, font trente-deux: Et vingt que vous aviez lors que nous nous connûmes, cela fait justement cinquante-deux. Si bien, Seigneur Sganarelle, que sur vostre propre confession, vous estes, environ, à vostre cinquante-deuxiéme, ou cinquante-troisiéme année.

SGANARELLE.
Qui, moi? Cela ne se peut pas.

GERONIMO.
Mon Dieu, le calcul est juste. Et là-dessus je vous dirai franchement, et en Ami, comme vous m'avez fait promettre de vous parler, que le Mariage

---

[3] 1668: c'est-à-dire l'année de la première impression du texte et non pas celle de la première représentation de la comédie-ballet.

n'est gueres vostre fait. C'est une chose à laquelle il faut que les jeunes Gens pensent bien meurement[4] avant que de la faire: mais les Gens de vostre âge n'y doivent point penser du tout. Et si l'on dit, que la plus grande de toutes les folies, est celle de se marier, je ne voi rien de plus mal à propos, que de la faire, cette folie, dans la Saison où nous devons estre plus sages. Enfin je vous en dis nettement ma pensée. Je ne vous conseille point de songer au Mariage; et je vous trouverois le plus ridicule du Monde, si ayant esté libre jusqu'à cette heure, vous alliez vous charger maintenant de la plus pesante des chaisnes.

SGANARELLE.

Et moi, je vous dis que je suis résolu de me marier; et que je ne serai point ridicule en épousant la Fille, que je recherche.

GERONIMO.

Ah! c'est une autre chose. Vous ne m'aviez pas dit cela.

SGANARELLE.

C'est une Fille, qui me plaist; et que j'aime de tout mon cœur.

GERONIMO.

Vous l'aimez de tout vostre cœur?

SGANARELLE.

Sans doute; et je l'ai demandée à son Pere.

GERONIMO.

Vous l'avez demandée?

SGANARELLE.

Oüi, c'est un Mariage, qui se doit conclure ce soir; et j'ai donné parole.

GERONIMO.

Oh! mariez-vous donc. Je ne dis plus mot.

SGANARELLE.

Je quitterois le dessein que j'ai fait? Vous semble-t-il, Seigneur Geronimo, que je ne sois plus propre à songer à une Femme? Ne parlons point de l'âge que je puis avoir; mais regardons seulement les choses. Y a-t-il

---

[4] 'Mûrement'.

Homme de trente ans, qui paroisse plus frais, et plus vigoureux, que vous me voyez? N'ai-je pas tous les mouvements de mon Corps aussi bons que jamais? Et voit-on que j'aie besoin de Carosse, ou de Chaise, pour cheminer? N'ai-je pas encore toutes mes dents les meilleures du Monde? Ne fais-je pas vigoureusement mes quatre Repas par jour? Et peut-on voir un Estomach qui ait plus de force que le mien? Hem, hem, hem. Eh? qu'en dites-vous?

GERONIMO.

Vous avez raison: je m'estois trompé. Vous ferez bien de vous marier.

SGANARELLE.

J'y ai repugné autrefois: mais j'ai maintenant de puissantes raisons pour cela. Outre la joie que j'aurai de posseder une belle Femme, qui me fera mille caresses; qui me dorlotera, et me viendra froter, lors que je serai las: outre cette joie, dis-je, je considere, qu'en demeurant comme je suis, je laisse périr dans le Monde la Race des Sganarelles; et qu'en me mariant, je pourrai me voir revivre en d'autres moi-mesmes; que j'aurai le plaisir de voir des Creatures, qui seront sorties de moi; de petites Figures qui me ressembleront comme deux goutes d'eau; qui se joüeront continuellement dans la Maison; qui m'appelleront leur Papa, quand je reviendrai de la Ville, et me diront de petites folies les plus agreables du Monde. Tenez, il me semble déja que j'y suis, et que j'en vois une demie-douzaine autour de moi.

GERONIMO.

Il n'y a rien de plus agreable que cela; et je vous conseille de vous marier, le plus viste que vous pourrez.

SGANARELLE.

Tout de bon; vous me le conseillez?

GERONIMO.

Assurément. Vous ne sçauriez mieux faire.

SGANARELLE.

Vraiment, je suis ravi que vous me donniez ce conseil en veritable Ami.

GERONIMO.

Hé! quelle est la Personne, s'il vous plaist, avec qui vous vous allez marier?

SGANARELLE.

Dorimene.

GERONIMO.

Cette jeune Dorimene, si galante, et si bien parée?

SGANARELLE.

Oüi.

GERONIMO.

Fille du Seigneur Alcantor?

SGANARELLE.

Justement.

GERONIMO.

Et Sœur d'un certain Alcidas, qui se mesle de porter l'Epée?

SGANARELLE.

C'est cela.

GERONIMO.

Vertu de ma vie!

SGANARELLE.

Qu'en dites-vous?

GERONIMO.

Bon Parti! Mariez-vous promptement.

SGANARELLE.

N'ai-je pas raison, d'avoir fait ce chois?

GERONIMO.

Sans doute. Ah! que vous serez bien marié! Dépeschez-vous de l'estre.

SGANARELLE.

Vous me comblez de joie, de me dire cela. Je vous remercie de vostre conseil; et je vous invite ce soir à mes Nopces.

GERONIMO.

Je n'y manquerai pas; et je veux y aller en Masque,[5] afin de les mieux honorer.

SGANARELLE.

Serviteur.

GERONIMO.

La jeune Dorimene, Fille du Seigneur Alcantor, avec le Seigneur Sganarelle, qui n'a que cinquante-trois ans? ô le beau Mariage! ô le beau Mariage![6]

SGANARELLE.

Ce Mariage doit estre heureux; car il donne de la joie à tout le Monde; et je fais rire tous ceux à qui j'en parle. Me voila maintenant le plus content des Hommes.

---

[5]Très discrètement, Molière prépare les spectateurs à l'idée de la mascarade musicale à la fin de le pièce. En l'absence de celle-ci, la remarque de Géronimo dut avoir l'effet tout simplement d'une observation plutôt malveillante.

[6]'Ce qu'il repete plusieurs fois en s'en allant' (1682).

SCENE II. DORIMENE, SGANARELLE.

DORIMENE.

Allons, petit Garçon, qu'on tienne bien ma Queuë; et qu'on ne s'amuse pas à badiner.

SGANARELLE.

Voici ma Maistresse, qui vient. Ah! qu'elle est agreable! quel air! et quelle taille! Peut-il y avoir un Homme, qui n'ait, en la voyant, des démangeaisons de se marier? Où allez-vous, belle Mignonne, chere Epouse future de vostre Epous futur?

DORIMENE.

Je vais faire quelques Emplettes.

SGANARELLE.

Hé bien, ma Belle, c'est maintenant que nous allons estre heureux l'un, et l'autre. Vous ne serez plus en droict de me rien refuser; et je pourrai faire avec vous tout ce qu'il me plaira, sans que personne s'en scandalise. Vous allez estre à moi depuis la teste jusqu'aux piez,[7] et je serai Maistre de tout: De vos petits yeux éveillez; de vostre petit nez fripon; de vos levres appétissantes; de vos oreilles amoureuses; de vostre petit menton joli; de vos petits tétons rondelets; de vostre.... Enfin toute vostre Personne sera à ma discretion; et je serai à mesme, pour vous caresser, comme je voudrai. N'estes-vous pas bien aise de ce Mariage, mon aimable Pouponne?

DORIMENE.

Tout à fait aise, je vous jure: car enfin la severité de mon Pere m'a tenuë jusques ici dans une sujettion la plus fâcheuse du Monde. Il y a je ne sçai combien que j'enrage du peu de liberté, qu'il me donne; et j'ai cent fois souhaité qu'il me mariast, pour sortir promptement de la contrainte, où j'estois avec lui, et me voir en état de faire ce que je voudrai. Dieu merci, vous estes venu heureusement pour cela, et je me prepare desormais à me donner du divertissement, et à reparer comme il faut le temps que j'ai perdu. Comme vous estes un fort galant Homme, et que vous sçavez comme il faut vivre; je croi que nous ferons le meilleur ménage du Monde ensemble, et que vous ne serez point de ces Maris incommodes, qui veulent que leurs Femmes vivent comme des Loup-garous. Je vous avouë

---

[7] 'Pieds'.

que je ne m'accommoderois pas de cela; et que la Solitude me desespere. J'aime le Jeu; les Visites; les Assemblées; les Cadeaux, et les Promenades; en un mot toutes les choses de plaisir; et vous devez estre ravi, d'avoir une Femme de mon humeur. Nous n'aurons jamais aucun démeslé ensemble; et je ne vous contraindrai point dans vos actions; comme j'espere que de votre costé vous ne me contraindrez point dans les miennes: car pour moi, je tiens qu'il faut avoir une complaisance mutuelle; et qu'on ne se doit point marier, pour se faire enrager l'un l'autre. Enfin nous vivrons, estant mariez, comme deux Personnes qui sçavent leur monde. Aucun soupçon jalous ne nous troublera la cervelle; et c'est assez que vous serez assuré de ma fidelité, comme je serai persaudée de la vostre. Mais qu'avez-vous? je vous voi tout changé de visage.

SGANARELLE.

Ce sont quelques vapeurs, qui me viennent de monter à la teste.

DORIMENE.

C'est un mal aujourd'hui, qui attaque beaucoup de Gens: mais nostre Mariage vous dissipera tout cela. Adieu, il me tarde déja que je n'aie des Habits raisonnables, pour quitter viste ces guenilles. Je m'en vais de ce pas achever d'acheter toutes les choses qu'il me faut; et je vous envoirai les Marchands.

SCENE III. GERONIMO, SGANARELLE.

GERONIMO.

Ah! Seigneur Sganarelle, je suis ravi de vous trouver encor ici; et j'ai rencontré un Orfevre, qui sur le bruit que vous cherchiez quelque beau Diamant en Bague, pour faire un Présent à vostre Epouse, m'a fort prié de vous venir parler pour lui; et de vous dire qu'il en a un à vendre, le plus parfait du Monde.

SGANARELLE.

Mon Dieu, cela n'est pas pressé.

GERONIMO.

Comment! que veut dire cela? où est l'ardeur que vous montriez tout à l'heure?

SGANARELLE.

Il m'est venu, depuis un moment, de petits scrupules sur le Mariage. Avant que de passer plus avant, je voudrois bien agiter à fond cette matière; et que l'on m'expliquast un Songe que j'ai fait cette Nuit, et qui vient tout à l'heure de me revenir dans l'Esprit. Vous sçavez que les Songes sont comme des Miroirs, où l'on découvre quelquefois tout ce qui nous doit arriver. Il me sembloit que j'estois dans un Vaisseau, sur une Mer bien agitée; et que ....

GERONIMO.

Seigneur Sganarelle, j'ai maintenant quelque petite Affaire, qui m'empesche de vous oüir. Je n'entens rien du tout aux Songes; et quand au raisonnement du Mariage, vous avez deux Sçavans; deux Philosophes vos Voisins, qui sont Gens à vous debiter tout ce qu'on peut dire sur ce sujet. Comme ils sont de Sectes diferentes, vous pouvez examiner leurs diverses opinions là-dessus. Pour moi, je me contente de ce que je vous ai dit tantost; et demeure vostre Serviteur.

SGANARELLE.

Il a raison. Il faut que je consulte un peu ces Gens-là sur l'incertitude où je suis.

SCENE IV. PANCRACE, SGANARELLE.

PANCRACE.
Allez, vous estes un impertinent, mon Ami; un Homme bannissable de la Republique des Lettres.

SGANARELLE.
Ah! bon, en voici un fort à propos.

PANCRACE.
Oüi, je te soûtiendrai par vives raisons, que tu es un Ignorant, ignorantissime, ignorantifiant, et ignorantifié par tous les cas, et modes imaginables.

SGANARELLE.
Il a pris querelle contre quelqu'un. Seigneur....

PANCRACE.
Tu veux te mesler de raisonner, et tu ne sçais pas seulement les Elemens de la Raison.

SGANARELLE.
La colere l'empesche de me voir. Seigneur....

PANCRACE.
C'est une Proposition condamnable dans toutes les Terres de la Philosophie.

SGANARELLE.
Il faut qu'on l'ait fort irrité. Je....

PANCRACE.
Toto Cœlo, tota via aberras.[8]

SGANARELLE.
Je baise les mains à Monsieur le Docteur.

---

[8]Tu t'écartes de la vérité de toute l'étendue du ciel, de tout le chemin que tu as fait.

PANCRACE.

Serviteur.

SGANARELLE.

Peut-on....

PANCRACE.

Sçais-tu bien ce que tu as fait? un Syllogisme *in balordo.*

SGANARELLE.

Je vous....

PANCRACE.

La Majeure en est inepte, la Mineure impertinente, et la Conclusion ridicule.

SGANARELLE.

Je....

PANCRACE.

Je créverois plutost que d'avoüer ce que tu dis; et je soûtiendrai mon opinion jusqu'à la derniere goute de mon Encre.

SGANARELLE.

Puis-je....

PANCRACE.

Oüi, je defendrai cette Proposition, *pugnis et calcibus, unguibus et rostro.*[9]

SGANARELLE.

Seigneur Aristote, peut-on sçavoir ce qui vous met si fort en colere?

PANCRACE.

Un sujet le plus juste du Monde.

SGANARELLE.

Et quoi encore?

---

[9]Des poings et des pieds, des ongles et du bec.

PANCRACE.

Un Ignorant m'a voulu soûtenir une Proposition erronée; une Proposition épouvantable, éfroyable, exécrable.

SGANARELLE.

Puis-je demander ce que c'est?

PANCRACE.

Ah! Seigneur Sganarelle, tout est renversé aujourd'hui; et le Monde est tombé dans une corruption generale. Une licence épouvantable regne par tout; et les Magistrats, qui sont établis, pour maintenir l'ordre dans cet Etat, dévroient rougir de honte, en souffrant un scandale aussi intolérable, que celui dont je veux parler.

SGANARELLE.

Quoi donc?

PANCRACE.

N'est-ce pas une chose horrible; une chose qui crie vangeance au Ciel, que d'endurer qu'on dise publiquement la forme d'un Chapeau!

SGANARELLE.

Comment?

PANCRACE.

Je soûtiens qu'il faut dire la Figure d'un Chapeau, et non pas la Forme. D'autant qu'il y a cette diference entre la Forme, et la Figure; que la Forme est la disposition exterieure des Corps qui sont animez; et la Figure, la disposition exterieure des Corps qui sont inanimez: et puis que le Chapeau est un Corps inanimé, il faut dire la Figure d'un Chapeau, et non pas la Forme. Oüi, Ignorant que vous estes, c'est comme il faut parler; et ce sont les termes exprés d'Aristote dans le Chapitre de la Qualité.[10]

SGANARELLE.

Je pensois que tout fust perdu. Seigneur Docteur, ne songez plus à tout cela. Je....

---

[10]En effet, 'Le Chapitre de la Qualité' d'Aristote existe (dans *Les Catégories*) mais la distinction faite ici par Pancrace y est plus équivoque.

PANCRACE.

Je suis dans une colere, que je ne me sens pas.

SGANARELLE.

Laissez la Forme, et le Chapeau en paix; j'ai quelque chose à vous communiquer. Je....

PANCRACE.

Impertinent fieffé.

SGANARELLE.

De grace, remettez vous. Je....

PANCRACE.

Ignorant.

SGANARELLE.

Eh! mon Dieu. Je....

PANCRACE.

Me vouloir soûtenir une Proposition de la sorte?

SGANARELLE.

Il a tort. Je....

PANCRACE.

Une Proposition condamnée par Aristote?

SGANARELLE.

Cela est vrai. Je....

PANCRACE.

En termes exprés?

SGANARELLE.

Vous avez raison. Oüi, vous estes un Sot, et un Impudent, de vouloir disputer contre un Docteur, qui sçait lire, et écrire. Voila qui est fait, je vous prie de m'écouter. Je viens vous consulter sur une Affaire qui m'embarasse. J'ai dessein de prendre une Femme, pour me tenir compagnie dans mon Ménage. La Personne est belle, et bien faite: elle me plaist beaucoup, et est ravie de m'épouser. Son Pere me l'a accordée; mais je crains un peu ce que vous sçavez, la disgrace dont on ne plaint Personne; et je voudrois bien vous prier, comme Philosophe, de me dire vostre sentiment. Eh! quel est vôtre avis là-dessus?

PANCRACE.

Plutost que d'accorder qu'il faille dire la Forme d'un Chapeau, j'accorderois que *datur vacuum in rerum natura*,[11] et que je ne suis qu'une Beste.

SGANARELLE.

La peste soit de l'Homme. Eh! Monsieur le Docteur, écoutez un peu les Gens. On vous parle une heure durant; et vous ne répondez point à ce qu'on vous dit.

PANCRACE.

Je vous demande pardon. Une juste colere m'occupe l'Esprit.

SGANARELLE.

Eh! laissez tout cela; et prenez la peine de m'écouter.

PANCRACE.

Soit. Que voulez-vous me dire?

SGANARELLE.

Je veux vous parler de quelque chose.

PANCRACE.

Et de quelle Langue voulez-vous vous servir avec moi?

SGANARELLE.

De quelle Langue?

PANCRACE.

Oüi.

---

[11] Il y a du vide dans la nature. Pancrace préférerait donc nier le grand principe de la physique d'Aristote (que la nature a horreur du vide) que de dire 'la forme d'un chapeau'.

SGANARELLE.

Parbleu, de la Langue que j'ai dans la bouche; je croi que je n'irai pas emprunter celle de mon Voisin.

PANCRACE.

Je vous dis de quel Idiome; de quel Langage.

SGANARELLE.

Ah! c'est une autre affaire.

PANCRACE.

Voulez-vous me parler Italien?

SGANARELLE.

Non.

PANCRACE.

Espagnol?

SGANARELLE.

Non.

PANCRACE.

Alleman?

SGANARELLE.

Non.

PANCRACE.

Anglois?

SGANARELLE.

Non.

PANCRACE.

Latin?

SGANARELLE.

Non.

PANCRACE.

Grec?

SGANARELLE.

Non.

PANCRACE.

Hebreu?

SGANARELLE.

Non.

PANCRACE.

Syriaque?

SGANARELLE.

Non.

PANCRACE.

Turc?

SGANARELLE.

Non.

PANCRACE.

Arabe?

SGANARELLE.

Non, non, François.

PANCRACE.

Ah François!

SGANARELLE.

Fort-bien.

PANCRACE.

Passez donc de l'autre côté: car cette oreille-ci est destinée pour les Langues scientifiques, et étrangeres; et l'autre est pour la maternelle.

SGANARELLE.

Il faut bien des ceremonies avec ces sortes de Gens-ci!

PANCRACE.

Que voulez-vous?

SGANARELLE.

Vous consulter sur une petite difficulté.

PANCRACE.

Sur une difficulté de Philosophie, sans dout?

SGANARELLE.

Pardonnez-moi. Je....

PANCRACE.

Vous voulez peut-estre sçavoir, si la substance, et l'accident, sont termes synonymes, ou équivoques, à l'égard de l'Estre.

SGANARELLE.

Point du tout. Je....

PANCRACE.

Si la Logique est un Art, ou une Science?

SGANARELLE.

Ce n'est pas cela. Je....

PANCRACE.

Si elle a pour objet les trois operations de l'Esprit, ou la troisiéme seulement?

SGANARELLE.

Non. Je....

PANCRACE.

S'il y a dix Cathegories, ou s'il n'y en a qu'une?

SGANARELLE.

Point. Je....

PANCRACE.

Si la Conclusion est de l'essence du Syllogisme?

SGANARELLE.

Nenni. Je....

PANCRACE.

Si l'essence du Bien est mise dans l'appétibilité, ou dans la convenance?

SGANARELLE.

Non. Je....

PANCRACE.

Si le Bien se réciproque avec la fin?

SGANARELLE.

Eh! non. Je....

PANCRACE.

Si la Fin nous peut émouvoir par son Estre réel, ou par son Estre intentionel?

SGANARELLE.

Non, non, non, non, non, de par tous les Diables, non.

PANCRACE.

Expliquez donc vostre pensée: car je ne puis pas la deviner.

SGANARELLE.

Je vous la veux expliquer aussi: mais il faut m'écouter.

SGANARELLE *en mesme temps que le Docteur.*

L'Affaire que j'ai à vous dire, c'est que j'ai envie de me marier avec une Fille, qui est jeune, et belle. Je l'aime fort, et l'ai demandée à son Pere: mais comme j'apréhende....

PANCRACE *en mesme temps que Sganarelle.*

La Parole a esté donnée à l'Homme, pour expliquer sa Pensée; et tout ainsi que les Pensées sont les Portraits des Choses, de mesme nos Paroles sont-elles les Portraits de nos Pensées:[12] mais ces Portraits diferent des autres Portraits, en ce que les autres Portraits sont distinguez par tout de leurs Originaux, et que la Parole enferme en soi son Original, puis qu'elle n'est autre chose que la Pensée, expliquée par un Signe extérieur: d'où vient que ceux qui pensent bien sont aussi ceux qui parlent le mieux. Expliquez-moi donc vostre Pensée par la Parole, qui est le plus intelligible de tous les Signes.

SGANARELLE.

Il repousse le Docteur dans sa Maison, et tire la Porte pour l'empescher de sortir.[13]

Au Diable les Sçavans, qui ne veulent point écouter les Gens. On me l'avoit bien dit, que son Maistre Aristote n'estoit rien qu'un Bavard. Il faut que j'aille trouver l'autre; il est plus posé, et plus raisonnable. Hola.

---

[12]'Ferme la bouche du Docteur avec sa main à plusieurs reprises, et le Docteur continue de parler d'abord que Sganarelle ôte sa main' (1682).

[13]PANCRACE, *au dedans de la maison.* Oüi, la parole est, *animi index, et speculum.* C'est le Truchement du Cœur; c'est l'Image de l'Ame. *Pancrace monte à la fenestre et continuë, et Sganarelle quitte la porte.* C'est un Miroir qui nous represente naïvement les Secrets les plus *Arcanes de nos Individus.* Et puisque vous avez la faculté de ratiociner, et de parler tout ensemble, à quoi tient-il que vous ne vous serviez de la parole pour me faire entendre vostre pensée?

SGANARELLE. C'est ce que je veux faire; mais vous ne voulez pas m'écouter.

PANCRACE. Je vous écoute, parlez.

SGANARELLE. Je dis donc, Monsieur le Docteur, que....

PANCRACE. Mais, sur tout, soyez bref.

SGANARELLE. Je le serai.

PANCRACE. Evitez la Prolixité.

SGANARELLE. Hé! Monsi....

PANCRACE. Tranchez-moi vostre discours d'un Apophtegme à la Laconienne.

SGANARELLE. Je vous....

PANCRACE. Point d'Embages, de Circonlocution. *Sganarelle de dépit de ne pouvoir parler, ramasse des pïerres pour en casser la teste du Docteur.* Hé quoi? vous vous emportez au lieu de vous expliquer; allez vous estes plus impertinent que celui qui m'a voulu soûtenir qu'il faut dire la Forme d'un Chapeau; et je vous prouverai en toute rencontre, par raisons demonstratives et convaincantes, et par Argumens *in Barbara*, que vous n'estes, et ne serez jamais, qu'une pecore, et que je suis, et serai toûjours [dans l'original, 'toûtours'], *in utroque Jure*, Le Docteur Pancrace. *Le Docteur sort de la maison.*

SGANARELLE. Quel diable de babillart.

PANCRACE. Homme de Lettre, Homme d'Erudition.

SGANARELLE. Encor...

PANCRACE. Homme de suffisance, Homme de capacité. *S'en allant.* Homme consommé dans toutes les Sciences Naturelles, Moralles, et Politiques *Revenant.* Homme sçavant, sçavantissime, *per omnes modos et casus. S'en allant.* Homme qui possede, *Superlative*, Fables, Mithologies et Histoires. *Revenant.* Grammaire, Poësie, Rhetorique, Dialectique, et Sophistique. *S'en allant.* Mathematique, Arithmetique, Optique, Onirocritique, Physique, et Mathematique. *Revenant.* Cosmimometrie, Geometrie, Architecture, Speculoire, et Speculatoire. *En s'en allant.* Medecine, Astronomie, Astrologie, Physionomie, Metoposcopie, Chiromancie, Geomantie, et cætera.' (1682, pp. 25-27).

SCENE V. MARPHURIUS, SGANARELLE.

MARPHURIUS.
Que voulez-vous de moi, Seigneur Sganarelle?

SGANARELLE.
Seigneur Docteur, j'aurois besoin de vostre Conseil sur une petite Affaire dont il s'agit; et je suis venu ici pour cela. Ah! voila qui va bien. Il écoute le monde celui-ci.

MARPHURIUS.
Seigneur Sganarelle, changez, s'il vous plaist, cette façon de parler. Nostre Philosophie ordonne de ne point énoncer de Proposition décisive; de parler de tout avec incertitude; de suspendre toûjours son jugement: et par cette raison vous ne devez pas dire, je suis venu; mais il me semble que je suis venu.

SGANARELLE.
Il me semble!

MARPHURIUS.
Oüi.

SGANARELLE.
Parbleu, il faut bien qu'il me le semble, puis que cela est.

MARPHURIUS.
Ce n'est pas une consequence; et il peut vous sembler, sans que la chose soit veritable.

SGANARELLE.
Comment, il n'est pas vrai que je suis venu?

MARPHURIUS.
Cela est incertain; et nous devons douter de tout.

SGANARELLE.
Quoi! je ne suis pas ici; et vous ne me parlez pas?

MARPHURIUS.

Il m'aparoist que vous estes là, et il me semble que je vous parle: mais il n'est pas assuré que cela soit.

SGANARELLE.

Eh! que Diable, vous vous moquez. Me voila, et vous voila bien nettement; et il n'y a point de me semble à tout cela. Laissons ces subtilitez je vous prie; et parlons de mon Affaire. Je viens vous dire que j'ai envie de me marier.

MARPHURIUS.

Je n'en sçai rien.

SGANARELLE.

Je vous le di.

MARPHURIUS.

Il se peut faire.

SGANARELLE.

La Fille, que je veux prendre, est fort jeune, et fort belle.

MARPHURIUS.

Il n'est pas impossible.

SGANARELLE.

Ferai-je bien, ou mal, de l'épouser?

MARPHURIUS.

L'un, ou l'autre.

SGANARELLE.

Ah! ah! voici une autre Musique. Je vous demande, si je ferai bien d'épouser la Fille, dont je vous parle.

MARPHURIUS.

Selon la rencontre.

SGANARELLE.

Ferai-je mal?

MARPHURIUS.

Par-avanture.

SGANARELLE.

De grace, répondez-moi, comme il faut.

MARPHURIUS.

C'est mon dessein.

SGANARELLE.

J'ai une grande inclination pour la Fille.

MARPHURIUS.

Cela peut estre.

SGANARELLE.

Le Pere me l'a accordée.

MARPHURIUS.

Il se pourroit.

SGANARELLE.

Mais en l'épousant, je crains d'estre Cocu.

MARPHURIUS.

La chose est faisable.

SGANARELLE.

Qu'en pensez-vous?

MARPHURIUS.

Il n'y a pas d'impossibilité.

SGANARELLE.

Mais que feriez-vous, si vous estiez en ma place?

MARPHURIUS.

Je ne sçai.

SGANARELLE.

Que me conseillez-vous de faire?

MARPHURIUS.

Ce qui vous plaira.

SGANARELLE.

J'enrage!

MARPHURIUS.

Je m'en lave les mains.

SGANARELLE.

Au Diable soit le vieux resveur.

MARPHURIUS.

Il en sera ce qui pourra.

SGANARELLE.

La peste du Bourreau.[14] Je te ferai changer de notte, chien de Philosophe enragé.

MARPHURIUS.

Ah, ah, ah.

SGANARELLE.

Te voila payé de ton galimathias; et me voila content.

MARPHURIUS.

Comment? quelle insolence! m'outrager de la sorte! avoir eu l'audace de battre un Philosophe comme moi!

SGANARELLE.

Corrigez, s'il vous plaist, cette maniere de parler. Il faut douter de toutes choses; et vous ne devez pas dire que je vous ai battu; mais qu'il vous semble que je vous ai battu.

---

[14] 'Il prend un baston' (1682).

MARPHURIUS.

Ah! je m'en vais faire ma plainte, au Commissaire du Quartier, des coups que j'ai receus.

SGANARELLE.

Je m'en lave les mains.

MARPHURIUS.

J'en ai les marques sur ma Personne.

SGANARELLE.

Il se peut faire.

MARPHURIUS.

C'est toi, qui m'as traité ainsi.

SGANARELLE.

Il n'y a pas d'impossibilité.

MARPHURIUS.

J'aurai un Decret contre toi.

SGANARELLE.

Je n'en sçai rien.

MARPHURIUS.

Et tu seras condamné en Justice.

SGANARELLE.

Il en sera ce qui pourra.

MARPHURIUS.

Laisse-moi faire.

SGANARELLE.

Comment, on ne sçauroit tirer une Parole positive de ce chien d'Homme là! et l'on est aussi sçavant à la fin, qu'au commencement! Que dois-je faire, dans l'incertitude des suites de mon Mariage? Jamais Homme ne fut plus embarrassé que je suis. Ah! voici des Egyptiennes. Il faut que je me fasse dire par elles ma bonne Avanture.

SCENE VI . DEUX EGYPTIENNES, SGANARELLE.

Les Egyptiennes, *avec leurs Tambours de Basque, entrent en chantant, et dansant.*

SGANARELLE.

Elles sont gaillardes. Ecoutez, vous autres, y a-t-il moyen de me dire ma bonne fortune?

1. EGYPTIENNE.

Oüi, mon bon Monsieur, nous voici deux qui te la diront.

2. EGYPTIENNE.

Tu n'as seulement qu'à nous donner ta main, avec la Croix[15] dedans; et nous te dirons quelque chose pour ton bon profit.

SGANARELLE.

Tenez, les voila toutes deux, avec ce que vous demandez.

1. EGYPTIENNE.

Tu as une bonne physionomie, mon bon Monsieur, une bonne physionomie.

2. EGYPTIENNE.

Oüi, bonne physionomie. Physionomie d'un Homme qui sera un jour quelque chose.

1. EGYPTIENNE.

Tu seras marié avant qu'il soit peu, mon bon Monsieur; tu seras marié avant qu'il soit peu.

2. EGYPTIENNE.

Tu épouseras une Femme gentille; une Femme gentille.

1. EGYPTIENNE.

Oüi, une Femme qui sera chérie, et aimée de tout le Monde.

---

[15]Une pièce de petite monnaie marquée d'une croix.

2. EGYPTIENNE.

Une Femme qui te fera beaucoup d'Amis, mon bon Monsieur; qui te fera beaucoup d'Amis.

1. EGYPTIENNE.

Une Femme qui fera venir l'abondance chez toi.

2. EGYPTIENNE.

Une Femme qui te donnera une grande réputation.

1. EGYPTIENNE.

Tu seras consideré par elle, mon bon Monsieur; tu seras consideré par elle.

SGANARELLE.

Voila qui est bien: mais, dites-moi un peu, suis-je menacé d'estre Cocu?

2. EGYPTIENNE.

Cocu!

SGANARELLE.

Oüi.

1. EGYPTIENNE.

Cocu?

SGANARELLE.

Oüi, si je suis menacé d'estre Cocu?

Toutes deux chantent, et dansent.
La, la, la, la....

SGANARELLE.

Que Diable, ce n'est pas là me répondre. Venez-çà. Je vous demande à toutes deux, si je serai Cocu?

2. EGYPTIENNE.

Cocu, vous?

SGANARELLE.

Oüi, si je serai Cocu?

1. EGYPTIENNE.

Vous, Cocu?

SGANARELLE.

Oüi, si je le serai, ou non?

Toutes deux chantent, et dansent.
La, la, la, la....

SGANARELLE.

Peste soit des Carognes, qui me laissent dans l'inquiétude! Il faut absolument que je sçache la destinée de mon Mariage: et pour cela, je veux aller trouver ce grand Magicien, dont tout le Monde parle tant, et qui par son art admirable fait voir tout ce que l'on souhaite. Ma foi, je croi que je n'ai que faire d'aller au Magicien, et voici qui me montre tout ce que je puis demander.[16]

[16]Il est intéressant que Molière ait choisi de garder cette allusion au magicien même quand la scène dans laquelle il figure fut supprimée. Est-ce un oubli de sa part?

SCENE VII. DORIMENE, LYCASTE, SGANARELLE.

LYCASTE.
Quoi, belle Dorimene, c'est sans raillerie que vous parlez?

DORIMENE.
Sans raillerie.

LYCASTE.
Vous vous mariez tout de bon?

DORIMENE.
Tout de bon.

LYCASTE.
Et vos Nopces se feront dés ce soir?

DORIMENE.
Dés ce soir.

LYCASTE.
Et vous pouvez, Cruelle que vous estes, oublier de la sorte l'amour que j'ai pour vous; et les obligeantes paroles que vous m'aviez données?

DORIMENE.
Moi, point du tout. Je vous considere toûjours de mesme; et ce Mariage ne doit point vous inquiéter. C'est un Homme que je n'épouse point par amour; et sa seule richesse me fait résoudre à l'accepter. Je n'ai point de bien. Vous n'en avez point aussi; et vous sçavez que sans cela on passe mal le temps au Monde; et qu'à quelque prix que ce soit, il faut tâcher d'en avoir. J'ai embrassé cette occasion-ci de me mettre à mon aise; et je l'ai fait sur l'esperance de me voir bientost délivrée du Barbon, que je prens. C'est un Homme, qui mourra avant qu'il soit peu; et qui n'a tout au plus que six mois dans le ventre. Je vous le garantis défunt dans le temps que je dis; et je n'aurai pas longuement à demander pour moi au Ciel, l'heureux état de Veuve. Ah! nous parlions de vous, et nous en disions tout le bien qu'on en sçaurait dire.

LYCASTE.

Est-ce là Monsieur....

DORIMENE.

Oüi, c'est Monsieur, qui me prend pour Femme.

LYCASTE.

Agréez, Monsieur, que je vous félicite de vostre Mariage, et vous presente en mesme temps mes tres-humbles services. Je vous assure que vous épousez là une tres-honneste Personne. Et vous, Mademoiselle, je me réjoüis avec vous aussi de l'heureux choix que vous avez fait. Vous ne pouviez pas mieux trouver; et Monsieur a toute la mine d'estre un fort bon Mari. Oüi, Monsieur, je veux faire amitié avec vous; et lier ensemble un petit commerce de visites et de divertissemens.[17]

DORIMENE.

C'est trop d'honneur que vous nous faites à tous deux. Mais allons, le temps me presse; et nous aurons tout le loisir de nous entretenir ensemble.

SGANARELLE.

Me voila tout à fait dégoûté de mon Mariage; et je croi que je ne ferai pas mal de m'aller dégager de ma Parole. Il m'en a coûté quelque argent: mais il vaut mieux encor perdre cela, que de m'exposer à quelque chose de pis. Tâchons adroitement de nous débarrasser de cette Affaire. Hola.

---

[17]Lycaste (comme Alcantor dans la scène suivante) fait allusion aux divertissements de la fin de la comédie-ballet. Le spectateur ne sait pas quels sont les divertissements organisés par Lycaste ou Alcantor — ce qui est important, apparemment, est leur anticipation.

SCENE VIII. ALCANTOR, SGANARELLE.

ALCANTOR.
Ah! mon Gendre, soyez le bien venu!

SGANARELLE.
Monsieur, vostre Serviteur.

ALCANTOR.
Vous venez pour conclure le Mariage?

SGANARELLE.
Excusez-moi.

ALCANTOR.
Je vous promets que j'en ai autant d'impatience que vous.

SGANARELLE.
Je viens ici pour autre sujet.

ALCANTOR.
J'ai donné ordre à toutes les choses necessaires pour cette Feste.

SGANARELLE.
Il n'est pas question de cela.

ALCANTOR.
Les Violons sont retenus; le Festin est commandé; et ma Fille est parée, pour vous recevoir.

SGANARELLE.
Ce n'est pas ce qui m'ameine.

ALCANTOR.
Enfin vous allez estre satisfait; et rien ne peut retarder vostre contentement.

SGANARELLE.
Mon Dieu, c'est autre chose.

ALCANTOR.
Allons, entrez donc, mon Gendre.

SGANARELLE.
J'ai un petit mot à vous dire.

ALCANTOR.
Ah! mon Dieu, ne faisons point de cerémonie: entrez viste, s'il vous plaist.

SGANARELLE.
Non, vous dis-je. Je vous veux parler auparavant.

ALCANTOR.
Vous voulez me dire quelque chose?

SGANARELLE.
Oüi.

ALCANTOR.
Et quoi?

SGANARELLE.
Seigneur Alcantor, j'ai demandé vostre Fille en mariage, il est vrai; et vous me l'avez accordée: mais je me trouve un peu avancé en âge pour elle; et je considere, que je ne suis point du tout son fait.

ALCANTOR.
Pardonnez-moi. Ma Fille vous trouve bien, comme vous estes; et je suis seur qu'elle vivra fort contente avec vous.

SGANARELLE.
Point; j'ai par fois des bizarreries épouvantables; et elle auroit trop à souffrir de ma mauvaise humeur.

ALCANTOR.
Ma Fille a de la complaisance; et vous verrez qu'elle s'accommodera entierement à vous.

SGANARELLE.
J'ai quelques infirmitez sur mon Corps, qui pourroient la dégoûter.

ALCANTOR.
Cela n'est rien. Une honneste Femme ne se dégoûte jamais de son Mari.

SGANARELLE.
Enfin, voulez-vous que je vous dise, je ne vous conseille pas de me la donner.

ALCANTOR.
Vous moquez-vous? J'aimerois mieux mourir, que d'avoir manqué à ma Parole.

SGANARELLE.
Mon Dieu, je vous en dispense, et je....

ALCANTOR.
Point du tout. Je vous l'ai promise; et vous l'aurez en dépit de tous ceux qui y prétendent.

SGANARELLE.
Que Diable!

ALCANTOR.
Voyez-vous, j'ai une estime, et une amitié pour vous, toute particulière; et je refuserois ma Fille à un Prince, pour vous la donner.

SGANARELLE.
Seigneur Alcantor, je vous suis obligé de l'honneur que vous me faites; mais je vous declare que je ne me veux point marier.

ALCANTOR.
Qui, vous?

SGANARELLE.
Oüi, moi.

ALCANTOR.
Et la raison?

SGANARELLE.

La raison; c'est que je ne me sens point propre pour le Mariage; et que je veux imiter mon Pere, et tous ceux de ma Race, qui ne se sont jamais voulu marier.

ALCANTOR.

Ecoutez, les volontez sont libres; et je suis Homme à ne contraindre jamais Personne. Vous vous estes engagé avec moi, pour épouser ma Fille; et tout est preparé pour cela. Mais puis que vous voulez retirer vostre Parole, je vais voir ce qu'il y a à faire; et vous aurez bientost de mes nouvelles.

SGANARELLE.

Encor est-il plus raisonnable que je ne pensois; et je croyois avoir bien plus de peine à m'en dégager. Ma foi, quand j'y songe, j'ai fait fort sagement, de me tirer de cette Affaire; et j'allois faire un pas, dont je me serois peut-estre long-temps repenti. Mais voici le Fils qui me vient rendre réponse.

SCENE IX. ALCIDAS, SGANARELLE.

ALCIDAS *parlant toûjours d'un ton doucereux.*
Monsieur, je suis vôtre Serviteur tres-humble.

SGANARELLE.
Monsieur, je suis le vôtre de tout mon cœur.

ALCIDAS.
Mon Pere m'a dit, Monsieur, que vous vous estiez venu dégager de la Parole que vous aviez donnée.

SGANARELLE.
Oüi, Monsieur, c'est avec regret: mais....

ALCIDAS.
Oh! Monsieur, il n'y a pas de mal à cela.

SGANARELLE.
J'en suis fâché, je vous assure; et je souhaiterois....

ALCIDAS.
Cela n'est rien, vous dis-je. *Lui presentant deux Epées.* Monsieur, prenez la peine de choisir de ces deux Epées, laquelle vous voulez.

SGANARELLE.

De ces deux Epées?

ALCIDAS.

Oüi, s'il vous plaist.

SGANARELLE.

A quoi bon?

ALCIDAS.
Monsieur, comme vous refusez d'épouser ma Sœur, apres la Parole donnée; je croi que vous ne trouverez pas mauvais le petit Compliment, que je viens vous faire.

SGANARELLE.

Comment?

ALCIDAS.

D'autres Gens feroient du bruit, et s'emporteroient contre vous: mais nous sommes Personnes à traiter les choses dans la douceur; et je viens vous dire civilement, qu'il faut, si vous le trouvez bon, que nous nous coupions la gorge ensemble.

SGANARELLE.

Voila un Compliment fort mal tourné.

ALCIDAS.

Allons, Monsieur, choisissez, je vous prie.

SGANARELLE.

Je suis vostre Valet: je n'ai point de gorge à me couper. La vilaine façon de parler que voila!

ALCIDAS.

Monsieur, il faut que cela soit, s'il vous plaist.

SGANARELLE.

Eh! Monsieur, rengaînez cc Compliment, je vous prie.

ALCIDAS.

Dépeschons viste, Monsieur. J'ai une petite Affaire, qui m'attend.

SGANARELLE.

Je ne veux point de cela, vous di je.

ALCIDAS.

Vous ne voulez pas vous battre?

SGANARELLE.

Nenni, ma foi.

ALCIDAS.

Tout de bon?

SGANARELLE.

Tout de bon.

ALCIDAS.[18]

Au moins, Monsieur, vous n'avez pas lieu de vous plaindre; vous voyez que je fais les choses dans l'ordre. Vous nous manquez de Parole: Je me veux battre contre vous, vous refusez de vous battre: je vous donne des coups de Baston, tout cela est dans les formes; et vous estes trop honneste Homme, pour ne pas approuver mon procedé.

SGANARELLE.

Quel Diable d'Homme est-ce ci?

ALCIDAS.[19]

Allons, Monsieur, faites les choses galamment, et sans vous faire tirer l'oreille.

SGANARELLE.

Encor!

ALCIDAS.

Monsieur, je ne contrains Personne; mais il faut que vous vous battiez, ou que vous épousiez ma Sœur.

SGANARELLE.

Monsieur, je ne puis faire ni l'un, ni l'autre, je vous assure.

ALCIDAS.

Assurément?

SGANARELLE.

Assurément.

ALCIDAS.[20]

Avec vostre permission donc....

---

[18]'Lui donnant des coups de baston' (1682).

[19]'Lui presente encor les deux Epées' (1682).

[20]'Lui donne encor des coups de baston' (1682).

SGANARELLE.

Ah, ah, ah, ah.

ALCIDAS.

Monsieur, j'ai tous les regrets du monde d'estre obligé d'en user ainsi avec vous; mais je ne cesserai point, s'il vous plaist, que vous n'ayez promis de vous battre, ou d'épouser ma Sœur.[21]

SGANARELLE.

Hé bien, j'épouserai, j'épouserai....

ALCIDAS.

Ah! Monsieur, je suis ravi que vous vous mettiez à la raison; et que les choses se passent doucement: car enfin vous estes l'Homme du Monde, que j'estime le plus, je vous jure; et j'aurois esté au desespoir, que vous m'eussiez contraint à vous mal-traiter. Je vais appeller mon Pere, pour lui dire que tout est d'accord.

---

[21] 'Il leve le baston' (1682).

SCENE X. ALCANTOR, ALCIDAS, SGANARELLE.[22]

ALCIDAS.

Mon Pere, voilà Monsieur, qui est tout à fait raisonnable. Il a voulu faire les choses de bonne grace; et vous pouvez lui donner ma Sœur.

ALCANTOR

Monsieur, voila sa main: vous n'avez qu'à donner la vostre. Loüé soit le Ciel! m'en voila déchargé; et c'est vous desormais que regarde le soin de sa conduite. Allons nous réjoüir, et celebrer cet heureux Mariage.

FIN.

[22]Le nom de Dorimène est absent de la première édition.

TEXTES AJOUTÉS EN 1672[1]

1. Dialogue: Mon compere, en bonne foi
(Haute contre et ténor)

Haute contre:
　　Mon compere, en bonne foi,
　　Que di-tu du mariage?
Ténor:
　　Toi, comment de ton menage
　　Te trouves-tu? di-le-moi.
Haute contre:
　　Ma femme est une diablesse
　　Qui tempeste jour et nuit.
Ténor:
　　La mienne est une traitresse
　　Qui me fait bien pis que du bruit.
Les deux:
　　Malheureux qui se lie
　　A ce sexe trompeur,
Ténor:
　　Bizarre,
Haute contre:
　　Extravagant,
Ténor:
　　Infidelle,
Haute contre:
　　Obstiné
Ténor:
　　Querelleur,
Les deux:
　　Arrogant!
　　C'est renoncer au bonheur de la vie.

---

[1]Il est impossible de donner une version définitive ou authentique de ces paroles, car le manuscrit de Charpentier — déjà difficile à déchiffrer en ce qui concerne l'orthographe — manque de ponctuation et d'autres indications grammaticales. Dans le but de fournir une version compréhensible du texte, nous y avons ajouté la ponctuation et une certaine structure.

Ténor:

Tout le monde en dit autant
Et pourtant
Chacun en fait la folie.

Les deux:

Tout le monde en dit autant
Et pourtant
Chacun en fait la folie.

2. Belle ou laide, il n'importe guiere
(Haute contre)

Haute contre:

Belle ou laide, il n'importe guiere,
Toutte femme est à redoubter.
Le cocuage est une affaire
Que l'on ne sauroit esvister;
Et le mieux que l'on puisse faire
C'est de ne s'en point tourmenter.

3. Ah, quelle etrange extravagance
(Haute contre)

Haute contre:

Ah, quelle etrange extravagance,
Que la crainte d'estre cocu.
La vie a plusieux maux dont on est convaincu
Et l'on en doit craindre la violence;
Mais craindre un mal qui n'est que dans notre croyance,
Ah, quelle etrange extravagance.

4. Trio grotesque au lieu [de] La, la, la, la, bonjour: Amants aux cheveux gris
(Haute contre, ténor et basse)

Haute contre:

Amants aux cheveux gris,
Ce n'est pas chose étrange
Que l'amour sous ces loix vous range.

Basse:

Pour le jeune ou pour le barbon,[2]
A tout age l'amour est bon.

Ténor:

Mais si vous desirez de vous mettre en menage,
Ne vous adressez point a ses jeunes beautez;
Vous les rebuttez.

Haute contre:

Vous les desgouttez.

Les trois:

Vous les desgouttez.
Et bien loing de les faire à votre badinage,
Vous n'avez bien souvent que cornes en partage.

5. Les Boemienes, sarabande: Les rossignols, dans leurs tendres ramages
(Soprano)

Soprano:

Les rossignols, dans leurs tendres ramages,
Du doux printemps annoncent le retour.
Tout refleurit, tout rit en ces boccages;
Ah, belle Iris, le beau temps, le beau jour.
Si tu voulois m'accorder ton amour.
Si tu voulois imiter leur amour.

Flore se plaist au baiser du zephire,
Et ces oiseaux se baisent tour à tour.
Rien que d'amour entre eux on ne soupire:
Ah, belle Iris, le beau temps, le beau jour.
Si tu voulois m'accorder ton amour.
Si tu voulois imiter leur amour.

Les rossignols, dans leurs tendres ramages,
Du doux printemps annoncent le retour.
Ils suivent tous l'ardeur qui les inspire:
Ah, belle Iris, le beau temps, le beau jour.
Si tu voulois m'accorder ton amour.
Si tu voulois imiter leur amour.

---

[2]Dorimène appelle Sganarelle 'barbon' dans la scène VII quand elle discute avec Lycaste.

Aimons-nous, aimable Silvie,
Unissons nos desirs et nos cœurs,
Nos soupirs, nos langueurs, nos ardeurs,
Et passons nostre vie
En des neudz si remplis de douceurs.

C'est blesser la loi naturelle,
De laisser passer des moments
Que l'on peut se rendre si charmant.
La saison du printemps paroist belle,
Et nos ans sont rians tous comme elle;
Mais il fault y mesler la douceur des amours,
Et sans eux il n'est point de beaux jours.

6. La, la, la, la, bonjour
(Haute contre, ténor et basse)

Les trois:
La, la, la, la, bonjour,
Bonjour pour trente mille annees;
Chers compagnons, puisqu'ici nous voila
Trois favoris d'ut, re, mi, fa, sol, la,
Qu'ici nos voix soient desguesnées.
Chantons.
Basse:
Mais que dirons-nous?
Les trois:
Je m'en raporte à vous.
Haute contre et ténor:
Que vous en semble?
Basse:
Je n'en scay rien.
Les trois:
Qu'importe? Chantons tous ensemble
Mal ou bien.
Fagotons à tort et à travers,
De mechants vers,
Les uns longs comme vers d'elegie,
Les autres a jambe racourcie.

Point de rime et point de raison.
Tout est bon, quoi qu'on die;
Tout bruit forme melodie.
Tic toc, chic choc, nic noc, fric froc.
Peinte, verre, coupe, broc.
Ab hoc et ab hac, ab hac et ab hoc.

Haute contre et basse:
Fran, fran, fran, pour le seigneur gratian.

Ténor et basse:
Frin, frin, frin, pour le seigneur arlequin.

Haute contre et ténor:
Fron, fron, fron, pour le seigneur pentalon.

Les trois:
O le joli concert et la belle harmonie.
O le joli concert et la belle harmonie.

7. O la belle simphonie

(Haute contre, ténor et basse)

Les trois:
O la belle simphonie.
O la belle simphonie.
Qu'elle est douce, qu'elle a d'apas.
Meslons y la melodie
Des chiens, des chats,
Et des rossignols d'arcadie.

Haute contre et ténor:
Caou, caou, caou.

Basse:
Houpf, houpf, houpf.

Les trois:
Miaou, miaou, miaou. Oua, oua, oua.
Hin han, hin han, hin han.
O le joli concert et la belle harmonie.
O le joli concert et la belle harmonie.

TABLE DES MATIERES

Textes littéraires

Titres déjà parus

I Sedaine LA GAGEURE IMPRÉVUE éd R Niklaus
II Rotrou HERCULE MOURANT éd D A Watts
III Chantelouve LA TRAGÉDIE DE FEU GASPARD DE COLLIGNY éd K C Cameron
IV Th Corneille LA DEVINERESSE éd P J Yarrow
V Pixérécourt CŒLINA éd N Perry
VI Du Ryer THÉMISTOCLE éd P E Chaplin
VII Discret ALIZON éd J D Biard
VIII J Moréas LES PREMIÈRES ARMES DU SYMBOLISME éd M Pakenham
IX Charles d'Orléans CHOIX DE POÉSIES éd J H Fox
X Th Banville RONDELS éd M Sorrell
XI LE MYSTÈRE DE SAINT CHRISTOFLE éd G Runnalls
XII Mercier LE DÉSERTEUR éd S Davies
XIII Quinault LA COMÉDIE SANS COMÉDIE éd J D Biard
XIV Hierosme d'Avost ESSAIS SUR LES SONETS DU DIVIN PÉTRARQUE éd K C Cameron et M V Constable
XV Gougenot LA COMÉDIE DES COMÉDIENS éd D Shaw
XVI MANTEL ET COR: DEUX LAIS DU XIIe SIÈCLE éd P E Bennett
XVII Palissot de Montenoy LES PHILOSOPHES éd T J Barling
XVIII Jacques de la Taille ALEXANDRE éd C N Smith
XIX G de Scudéry LA COMÉDIE DES COMÉDIENS éd J Crow
XX N Horry RABELAIS RESSUSCITÉ éd N Goodley
XXI N Lemercier PINTO éd N Perry
XXII P Quillard LA FILLE AUX MAINS COUPÉES et C Van Lerberghe LES FLAIREURS éd J Whistle
XXIII Charles Dufresny AMUSEMENS SÉRIEUX ET COMIQUES éd J Dunkley
XXIV F Chauveau VIGNETTES DES FABLES DE LA FONTAINE éd J D Biard
XXV Th Corneille CAMMA éd D A Watts
XXVI Boufflers ALINE REINE DE GOLCONDE éd S Davies
XXVII Bounin LA SOLTANE éd M Heath
XXVIII Hardy CORIOLAN éd M Allott
XXIX Cérou L'AMANT AUTEUR ET VALET éd G Hall
XXX P Larivey LES ESPRITS éd M J Freeman
XXXI Mme de Villedieu LE PORTEFEUILLE éd J P Homard et M T Hipp
XXXII PORTRAITS LITTÉRAIRES: Anatole France CROQUIS FÉMININS; Catulle Mendès FIGURINES DES POÈTES; Adolphe Racot PORTRAITS-CARTES éd M Pakenham
XXXIII L Meigret TRAITÉ ... DE L'ESCRITURE FRANÇOISE éd K C Cameron
XXXIV A de la Salle LE RÉCONFORT DE MADAME DE FRESNE éd I Hill
XXXV Jodelle CLÉOPATRE CAPTIVE éd K M Hall
XXXVI Quinault ASTRATE éd E J Campion
XXXVII Dancourt LE CHEVALIER A LA MODE éd R H Crawshaw
XXXVIII LE MYSTÈRE DE SAINTE VENICE éd G Runnalls
XXXIX Crébillon *père* ÉLECTRE éd J Dunkley
XL P Matthieu TABLETTES DE LA VIE ET DE LA MORT éd C N Smith
XLI Flaubert TROIS CONTES DE JEUNESSE éd T Unwin
XLII LETTRE D'UN PATISSIER ANGLOIS, ET AUTRES CONTRIBUTIONS A UNE POLÉMIQUE GASTRONOMIQUE DU XVIIIe SIÈCLE éd S Mennell
XLIII Héroët LA PARFAICTE AMYE éd C Hill
XLIV Cyrano de Bergerac LA MORT D'AGRIPPINE éd C Gossip
XLV CONTES RÉVOLUTIONNAIRES éd M Cook
XLVI CONTRE RETZ: SEPT PAMPHLETS DU TEMPS DE LA FRONDE éd C Jones
XLVII Du Ryer ESTHER éd E Campion et P Gethner
XLVIII Samuel Chappuzeau LE CERCLE DES FEMMES ET L'ACADÉMIE DES FEMMES éd J Crow
XLIX G Nouveau PAGES COMPLÉMENTAIRES éd M Pakenham
L L'Abbé Desfontaines LA VOLTAIROMANIE éd M H Waddicor
LI Rotrou COSROÈS éd D A Watts
LII A de la Chesnaye des Bois LETTRE A MME LA COMTESSE D... éd D J Adams
LIII A Hardy PANTHÉE éd P Ford
LIV Le Prince de Ligne LES ENLÈVEMENTS ou LA VIE DE CHATEAU EN 1785 éd B J Guy
LV Molière LA JALOUSIE DU BARBOUILLÉ et G DANDIN éd N Peacock
LVI La Péruse MÉDÉE éd J Coleman

Textes littéraires

LVII	Rotrou L'INNOCENTE INFIDÉLITÉ éd P Gethner
LVIII	C de Nostredame LES PERLES OU LES LARMES DE LA SAINCTE MAGDELEINE (1606) éd R J Corum
LIX	Montfleury LE MARY SANS FEMME éd E Forman
LX	Scarron LE JODELET ou LE MAITRE VALET éd W J Dickson
LXI	Poinsinet de Sivry TRAITÉ DU RIRE éd W Brooks
LXII	Pradon PHÈDRE ET HIPPOLYTE éd O Classe
LXIII	Quinault STRATONICE éd E Dubois
LXIV	M J Chénier JEAN CALAS éd M Cook
LXV	E Jodelle EUGÈNE éd M Freeman
LXVI	C Toutain TRAGÉDIE D'AGAMEMNON (1557) éd T Peach
LXVII	Boursault LES FABLES D'ÉSOPE ou ÉSOPE A LA VILLE (1690) éd T Allott
LXVIII	J Rivière et F Mauriac CORRESPONDANCE 1911-1925 éd J Flower
LXIX	La Calprenède LA MORT DES ENFANS D'HÉRODE éd G P Snaith
LXX	P Adam (?) SYMBOLISTES ET DÉCADENTS éd M Pakenham
LXXI	T Corneille CIRCÉ éd J L Clarke
LXXII	P Loti VERS ISPAHAN éd K A Kelly et K C Cameron
LXXIII	A Hardy MARIAMNE éd A Howe
LXXIV	Cl Gilbert HISTOIRE DE CALEJAVA ou DE L'ISLE DES HOMMES RAISONNABLES éd M S Rivière
LXXV	Odoric de Pordenone LES MERVEILLES DE LA TERRE D'OUTREMER (trad J de Vignay) éd D A Trotter
LXXVI	B J Saurin BEVERLEI éd D Connon
LXXVII	Racine ALEXANDRE éd M N Hawcroft et V J Worth
LXXVIII	Mallarmé VILLIERS DE L'ISLE ADAM éd A Raitt
LXXIX	Rotrou VENCESLAS éd D A Watts
LXXX	Ducis OTHELLO éd C N Smith
LXXXI	La Péruse POÉSIES COMPLÈTES éd J A Coleman
LXXXII	Du Ryer DYNAMIS éd J Rohou
LXXXIII	Chamfort MUSTAPHA ET ZÉANGIR éd S Davies
LXXXIV	Claire de Durfort, duchesse de Duras OURIKA éd R Little
LXXXV	Louis Bouilhet LE CŒUR A DROITE éd T Unwin
LXXXVI	Gillet de la Tessonerie L'ART DE RÉGNER éd P Chaplin
LXXXVII	POUR LOUIS BOUILHET éd A W Raitt
LXXXVIII	Rotrou LA SŒUR éd B Kite
LXXXIX	DIALOGUES RÉVOLUTIONNAIRES éd M C Cook
XC	LA VIE DE SAINT ALEXIS éd T Hemming
XCI	Jules Verne et Adolphe d'Ennery MICHEL STROGOFF éd L Bilodeau
XCII	Bernardin de Saint-Pierre EMPSAËL ET ZORAÏDE ou LES BLANCS ESCLAVES DES NOIRS A MAROC éd R Little
XCIII	Raymond Poisson LA HOLLANDE MALADE éd L Navailles
XCIV	Jean Galaut PHALANTE éd A Howe
XCV	L'Abbé D'Aubignac DISSERTATIONS CONTRE CORNEILLE éd N Hammond et M Hawcroft
XCVI	Sallebray LA TROADE éd S. Phillippo et J. Supple
XCVII	Fabre d'Eglantine LE PHILINTE DE MOLIERE éd J Proud
XCVIII	HISTOIRE D'ELEONORE DE PARME éd R Bolster
XCIX	Saint Lambert CONTES AMÉRICAINS éd R Little
C	P de Larivey LES TROMPERIES éd K C Cameron et P Wright
C I	Venance Dougados LA QUETE éd R Cazals
C II	Paul Adam PETIT GLOSSAIRE éd P McGuinness
C III	Claude Martin & Henri Delmas DRAME A TOULON — HENRI MARTIN éd T Freeman
C IV	Alphonse de Lamartine TOUSSAINT LOUVERTURE éd L-F Hoffmann
C V	Mme de Duras OURIKA éd R Little (nouvelle édition revue et augmentée)
C VI	Georges Rodenbach LE VOILE et LE MIRAGE éd R Bales
C VII	Jean Benech de Cantenac LES MARGUERITES éd R Aulotte